ストレッチ・トゥ・ウィン

スポーツパフォーマンス向上のための柔軟性プログラム

中丸 宏二／小山 貴之【監訳】

STRETCH TO WIN
2nd Edition

*Flexibility for improved speed,
power, and agility*

**Ann Frederick
Chris Frederick**

◆訳者一覧

中丸　宏二　寺嶋整形外科医院リハビリテーション科
小山　貴之　日本大学文理学部体育学科
瓦田　恵三　寺嶋整形外科医院リハビリテーション科
德永　　涼　寺嶋整形外科医院リハビリテーション科
山内　智之　日本大学病院リハビリテーション科

Authorized translation of the original English edition,
Stretch to win—second edition
by Ann Frederick, Christopher Frederick

Copyright © 2017, 2006 by Ann Frederick and Christopher Frederick

All rights reserved. Except for use in a review, the reproduction or utilization of this work in any form or by any electronic, mechanical, or other means, now known or hereafter invented, including xerography, photocopying, and recording, and in any information storage and retrieval system, is forbidden without the written permission of the publisher.

Photographs (interior): © Human Kinetics; Illustrations: © Ann Frederick and Christopher Frederick (pages 22-25, 27-30, 73, 74, 84, and 85); all other illustrations © Human Kinetics, unless otherwise noted.

Translation copyright © 2019 by NAP Limited, Tokyo
All rights reserved.

Printing and Bound in Japan

本書は正確かつ信頼性のある情報を提供することを目的としており，法的，医学的，あるいは他の専門的サービスの代わりとなるものではありません．医学的あるいは他の専門的支援が必要な場合には，適切な専門家の支援を受けてください．

すべての学問は絶え間なく進歩しています．研究や臨床的経験によってわれわれの知識が広がるに従い，各種方法などについて修正が必要になります．ここで扱われているテーマに関しても同じことがいえます．本書では，発刊された時点での知識水準に対応するよう著者・訳者および出版社は十分な注意をはらいましたが，過誤および医学上の変更の可能性を考慮し，本書の出版にかかわったすべての者が，本書の情報がすべての面で正確，あるいは完全であることを保証できませんし，本書の情報を使用したいかなる結果，過誤および遺漏の責任も負えません．読者が何か不確かさや誤りに気づかれたら出版社にご一報くださいますようお願いいたします．

訳者序文

　アスリートがストレッチングを行う目的は何でしょうか。ケガの予防，パフォーマンスの向上，柔軟性の向上，疲労回復など，様々な目的のためにストレッチングを行っていると思います。本書には，これらの目的を達成するために，アスリート自身が自分で柔軟性を評価する方法と，個人の目的に合わせてストレッチングの強度，持続時間，頻度などをカスタマイズする方法が書かれています。

　近年，ストレッチングの効果について否定的な研究結果も出ていますが，これはスタティックストレッチングと呼ばれる，ストレッチングの肢位を30秒間保持するような方法に限定されたものです。本書で紹介する「ストレッチ・トゥ・ウィン」のシステムの特徴として，「ストレッチウェーブ」と呼ばれる波状運動のストレッチ動作と呼吸をシンクロさせる方法や，牽引を利用することなどが挙げられます。練習や試合の前にストレッチ・トゥ・ウィンの方法を使うことで，スタティックストレッチングを行う場合のような悪影響がなく，シーズン中，オフシーズンにそれぞれ必要とされる柔軟性を獲得することができるでしょう。

　ストレッチングを始める前に，本書の中でも特に重要な第5章の筋膜可動性評価（fascia mobility assessment：FMA）の方法を学ぶことを勧めます。人体の柔軟性は，動かないことで低下するだけでなく，オーバートレーニングによっても低下します。評価をせずに硬いと感じる筋をストレッチするだけでは，最良の結果を得ることは難しいでしょう。評価を行うことで，柔軟性の非対称性などの問題となっている要因を見つけ，それに対処するためのストレッチングのプログラムを作成し実行することが，パフォーマンスを向上させる近道となります。

　ストレッチングは筋だけでなく，様々な臓器を包み込み，筋や腱，靱帯，関節包，軟骨などを結びつける「fascia」にも影響を及ぼすと考えられています。「fascia」は「膜・筋膜」「ファッシア」などとも訳されますが，本書では一般的に使用されている「筋膜」という言葉を使いました。筋膜のつながり（筋膜ネット）をイメージしながらストレッチングを行うことで，より高い効果を得ることができると思います。

　最後に，多忙にもかかわらず本書で一緒に監訳を行ってくれた，同級生であり，大学院でも同じ研究室，そして執筆・翻訳，共同研究者として長年一緒に協力してきた小山貴之先生に感謝を申し上げます。

2019年1月

中丸　宏二

謝　辞

　私たちが新しいテクニックを開発し，発展させてきた旅路は40年以上も続いており，このテクニックを実践・指導している限りこれからも続いていくことでしょう。多くの人にお礼を申し上げたいと思います。まず，夫のChrisがいなければ，この本を出版することはできなかったでしょう。彼は，出版の全過程を助けてくれたかけがえのないパートナーです。2人でパソコンと格闘しながら多くの時間を一緒に過ごしましたが，私たちの足並みは完全に揃っていました。私は1998年に彼と出会う前から，長年にわたって柔軟性の科学について勉強し，多くの人にストレッチングを行ってきました。しかし，彼のインスピレーション，指導力，サポート，洞察力，愛によって私の仕事が一変し，今日の形まで発展してきたのです。

　また，私が夢に向かって努力するのを見守り，信じ，支えてくれた両親には，心から感謝しています。地に足をつけて志を高く持ち続ければ望みは何でも叶うことを，母から教わりました。父は，自分が輝けるものを見つけ，それを極めること，そして決して歩みを止めないことをアドバイスしてくれました。両親は，私が生み出したものを誇りに思い，夢を追い続けていることを喜んでくれています。

　人の潜在能力を引き出す手段としてのストレッチングと柔軟性に関する私たちの考えは，2人のバックグラウンドであるダンスと動作を始めとして，多くのものに感化されてきました。私は4歳，Chrisは10歳でダンスを始めました。これまでの40年間，柔軟性と動作が持つすべての可能性について無限のインスピレーションを提供してくれた多くのダンスの指導者や生徒たちに感謝申し上げます。

　1995年に私をアリゾナ州立大学のストレングス＆コンディショニング部門に紹介してくれたTim McClellanとRich Wennerにも，心から感謝しています。彼らは，私のテクニックをアスリートの機能的柔軟性を高める方法へと発展させる機会を与えてくれました。このことにより，1996年に開催されたオリンピックに男子レスリングのアメリカ代表チームの柔軟性スペシャリストとして帯同する道が開かれました。最高レベルのアスリートとともに過ごした経験は，スポーツ特有の柔軟性は競技の成功を担う役割があるという指標になりました。

　私のクリニックを訪れてくれた多くのクライアントにも，感謝申し上げます。人生を分かち合い，多くのフィードバックを与えてくれたおかげで，私の夢は大きく膨らみました。そして人体の無限の可能性や，多くの類似点，相違点を教わりました。

　何年にもわたって私を信じ，多くの時間を費やしてくれたアスリートにも，感謝申し上げます。彼らのおかげで，パフォーマンスを向上させ，ケガを予防し，健康な身体を得る助けとなるストレッチングの方法を改善し続けることができました。彼らが成し遂げたことの一部に関われたことは，光栄なことです。

　最後に，アメリカとカナダにいる大切な生徒と教育チームのメンバーにお礼を申し上げます。私たちは，この本の初版を書き上げるためにクリニックを閉鎖しました。現在は教育と執筆に専念しており，生徒や指導者，読者の方々に最高の教育とインスピレーションをいかにして与えられるかを考えています。私たちに喜びと充実感をもたらしてくれたのは，私たちの仕事から影響を受けた人たちです。多くの人たちとふれあい，多くの変化がもたらされたことをありがたく思います。

—Ann Frederick

　誰よりもまず，妻に感謝しています。初めてAnnにストレッチングをしてもらった時のことは，今でも忘れられません。まるで魔法をかけられたかのように，痛みや硬さが消えていきました。この感覚こそが，彼女のクライアントが感じていたものだったのです。ストレッチングに対する情熱を分かち合い，ストレッチングの哲学やシステムについて指導してくれた彼女は，私にとって師で

あり，尊い存在です。

　私の選んだ道が思いも寄らないものであった時も，常に心から応援してくれた両親に感謝します。最初の指導者として大きな影響をいただいた Sifu Sat Chuen Hon 先生，心身の治療やトレーニングを通じて人生の深遠さを教えていただいた Mei-Hsiu Chan 博士にも心から感謝申し上げます。

　情熱をもって動くことの喜びを惜しみなく教えてくれたダンスの指導者である Wilhelm Burmann, David Howard, Melissa Haydn, Gloria Fokine, Robert Blankshine に，心からお礼を申し上げます。また，ピラティスを教えてくれた Romana Kryzanowska と Kathy Grant，ジャイロキネシスがまだ知られていない頃から指導してくれた Juliu Horvath にも感謝申し上げます。

　マニュアルセラピーの師であり，ニューヨーク市の高名な Westside Dance Physical Therapy の創始者である Marika Molnar, PT, LAc に深謝いたします。彼女がいなければ，現在の私，つまり自分で誇りに思えるような徒手理学療法士にはなれなかったでしょう。また Liz Henry, PT と Katie Keller, PT の指導も素晴らしいものでした。Westside Dance Physical Therapy に通っていた多くの独創的な方々，中でも特に Jean Claude と Ken Endelman（Balanced Body の創始者），Brent Anderson（Polestar Pilates の創始者）に深く感謝申し上げます。

　　　　　　　　　　　　　　　　　　　　　　　　　　　　　　　　　—Chris Frederick

　本書は，多くの人の助けを得て書き上げることができました。柔軟性の科学の妥当性を示した『The Science of Stretching』（1998 年初版）の著者である Michael J. Alter に深謝いたします。彼は後に続く人のために基礎を築き，インスピレーションを与えてくれました。本書が彼の功績の裏づけになることを望んでいます。彼は論文を送ってくれたり，本書の初版をレビューしたり，柔軟性の科学の将来性について話し合ったりするために多くの時間を費やしてくれました。研究を助けてくれた親友であり同僚でもある Wayne Phillips, PhD，エネルギー療法や筋膜システムに関する素晴らしい功績によってインスピレーションを与えてくれた James Oschman, PhD にも感謝しています。身体の見方や感じ方について新たな視点を与えてくれた，友人であり師でもある Thomas Myers に心から感謝いたします。彼から，著書『Anatomy Trains』の膨大な内容に関する 12 週間のトレーニングを受けた後，私たちが偽りなくいえることは「精神が宿る身体が変化した」ということです。

　私たちを信じて時間と情熱を傾けてくれたすべての生徒の皆さんにお礼を申し上げます。皆さんのおかげで最善を尽くし，進化し続けることができます。指導するたびに皆さんからは多くのことを学ばせてもらっています。変わりない信頼と尽きることのないインスピレーションに感謝します。

　本書のモデルとして多くの時間を割いていただいた，才能あふれる Jon Lempke, Emily Grout, Christine Sijera にお礼申し上げます。大好きなアスリートの 1 人で，一緒に仕事をするのが楽しみな Bertrand Bery にも深謝いたします。第 8 章の治療台を使ったアシステッドストレッチングのモデルには，NFL プレイヤー（現在は引退している）である彼しかいないと思っていました。

　この第 2 版の出版にあたって，出版社の Human Kinetics の皆さん，特に編集者の Michelle Maloney と Laura Pulliam，編集長の Ann Gindes に感謝申し上げます。一緒に仕事をしていて本当に楽しく，そして執筆の全過程を通じて色々と助けてもらいました。

　写真家の Nei Bernstein には，傑出した仕事と，私たちが伝えたいことを理解する驚くべき能力に感謝いたします。新しいコンセプトである筋膜ネットを描き，その理解の手助けをしてくださった画家の Bruce Hogarth にも感謝申し上げます。そして，本書が完成するために支援してくれた他のすべての方々に感謝申し上げます。

　最後に，本書の内容を実践したことで慢性の痛みが消失した，可動性が即座に改善した，健康になり競技パフォーマンスが改善したなど，驚くべき証言をメールで知らせてくださった第 1 版の読者の皆様に，感謝を申し上げます。

　　　　　　　　　　　　　　　　　　　　　　　　　　—Ann Frederick, Chris Frederick

序　論

　　アメリカンフットボール，ゴルフ，10 km 走など，どのような種目のアスリートであっても，筋力トレーニングやコンディショニングプログラムが競技パフォーマンスに役立つことは，たいてい理解している．しかし，ストレッチングプログラムは，様々な理由からそれほど人気がないのが現状である．ストレッチングに関する研究結果については意見が一致しておらず，パフォーマンスが改善するというエビデンスも存在しないことから，痛くて退屈なもの，時間の無駄と思われている．これらの否定的な考えは，ストレッチングの中でも**スタティック（静的）ストレッチング（static stretching）** に対するものが大半を占めている．競技目標を達成する手段として，あるタイプのストレッチングが効果的なのだが，アスリートにはあまり知られていない．本書ではその詳細について述べる．

　　最近 5 年間の神経科学分野の研究によって，脳は個々の筋ではなく，動作パターンを手段として機能するというエビデンスが増加している．このため，スポーツやフィットネス，リハビリテーションの専門家は，筋を単独で鍛えるというアプローチから，動作に対するトレーニングや治療を行うように変化してきている．結果的にフィットネスやリハビリテーションでは，可動性トレーニングを行うことが最新のトレンドとなっている．**可動性トレーニング（mobility training）** と呼ばれているものの大部分は，**ダイナミックストレッチング（dynamic stretching）** と呼ぶこともできるが，第 3 章でこれらに関する混乱を解消し，ストレッチングと可動性について検討する．

　　ストレッチングプログラムは，筋力トレーニングやコンディショニングプログラムと同様に，スポーツで最高のパフォーマンスを発揮するための重要なプログラムだといえるだろうか．答えは「イエス」である．ただし，正しい方法で論理的に行う必要がある．これは，単に正しい肢位で行うということだけでなく，最大限の効果を得るためにトレーニングに対応した適切なパラメータを用いるということである．つまり，適切なウォーミングアップを行い，ストレッチングの種類を決定し，意図した目標に合わせて強度・持続時間・頻度をカスタマイズ（個別化）することを意味している．

　　これらのパラメータを設定するためには，最初に**柔軟性**を評価する必要がある．本文で述べるように，柔軟性とは単なる**可動域（range of motion：ROM）** のことではない．柔軟性を評価すれば，各スポーツに特有の柔軟性を向上させるプログラムを個別にデザインすることができる．一般的なストレッチングプログラムとは異なり，個々の目標が変化しても柔軟性トレーニングのプログラムを修正することで対応できる．また，包括的な評価を行うことで柔軟性の基準を設定すれば，進歩を定期的に再評価することができるだろう．このような方法でストレッチングプログラムを行えば，可動性やスポーツパフォーマンスの目標を達成することが可能となる．このストレッチングプログラムは，他のトレーニングを補完する

目的でトレーニングの合間に行うこともできる。

　本書ではまず最初に，ストレッチングをなぜ行うか（Why），どのように行うか（How），どこをストレッチするのか（Where），いつ行うか（When）を説明し，柔軟性トレーニングとしてストレッチ・トゥ・ウィン（Stretch to Win®）システムを試すべき理由を明らかにする。この基礎的な情報について述べた後，スポーツパフォーマンスを大きく改善するプログラムを，すぐに始められるようにわかりやすく説明する。今までに治療した何千人ものクライアントでこのシステムの効果が認められており，経験したことがないほどのパワー，筋力，持久力，柔軟性を得ることができるだろう。

　さらにこのシステムの効果として，ケガや様々な痛みが大幅に減少することが挙げられる。私たちのクライアントの1人で，NFLでセイフティとして活躍したBrian Dawkinsは，16シーズン中9回プロボウルに選出されているが，ストレッチ・トゥ・ウィンシステムについて次のように述べている。「私のフィールドでの動きが非常に良かったので，コーチやチームメイトが何か特別なことをしているのかと聞いてきた。私は，ストレッチ・トゥ・ウィンのプログラムを続けたことでうまくなったと答えた」。プロ選手やエリートアスリートがこのシステムを使う理由は，スポーツに特化した柔軟性を向上させる，完成された，臨床的に証明されている方法だからである。1997年にAnn Frederickは，ストレッチ・トゥ・ウィンシステムが従来のストレッチングの方法よりも可動域を大きく改善し（36〜52％増），またその効果がより長期に持続することを，修士論文で証明した。この結果は，私たちのクライアントや生徒によって裏づけられている。

　ストレッチ・トゥ・ウィンシステムは，機能をアウトカムとするトレーニングの原理に沿ったものである。つまり，ストレッチ・トゥ・ウィンのプログラムを行うということは，全体的な柔軟性を向上させる目的として単に可動域を改善するためにストレッチングを行うのではなく，各スポーツや動作に必要な柔軟性の分析に基づいた，個別のストレッチングプログラムを行うことを意味する。私たちの経験からいえることは，カスタマイズされたプログラムは常に優れた結果を得られるということである。

　各スポーツ特有のパフォーマンスをただちに改善するストレッチングエクササイズは，実用的なストレッチングといえる。たとえば，100 mのスプリンターはマラソンランナーとは異なるストレッチングを行うが，これはスプリンターの筋線維は速筋線維の割合が大きく，神経系や筋の反応がより速いからである。速筋線維によってスプリントのスタートやフィニッシュで爆発的なパワーを生み出すことができる。一方，マラソンランナーは遅筋線維の割合が大きいことから長時間のパフォーマンスが可能となり，長距離ランニングでも正しいアライメントのフォームを維持することができる。

　また，柔軟性プログラムについてのスプリンターとマラソンランナーの違いとして，求められる機能的可動域が異なるということも挙げられる。スプリンターはスターティングブロックに足をかけるためにしゃがむ必要があるが，マラソンランナーはスタートラインで立位のまま足を前後に開く姿勢をとる。また，スプリンターはスターティングブロックから効果的に勢いよく動き出すためにも，十分な柔軟性が必要となる。スポーツ特異性の原理を組

み入れたシステムによるストレッチングを行えば，最適な機能的柔軟性を獲得することができるだろう。

　本書は，あらゆるスポーツやトレーニングで最高のパフォーマンスを発揮するために効果のある柔軟性プログラムを計画するためのツールを，選手や指導者に提供することを意図している。また，ストレッチングや柔軟性トレーニングに関する誤解を解き，ヒトの柔軟性に関するスペシャリストとして得た新しい情報のすべてを提供することも，本書の重要な目的である。

　プログラムのデザイン方法について述べる前に，スポーツ動作をスムーズに行うために可動性を評価し制限を特定する方法について述べる。バランス不良と柔軟性の問題を特定できれば，その人に適したプログラムを個別に作成できるようになる。それから，目的に合ったプログラムを実行すれば，素早く効果的に柔軟性と全体的な可動性が改善されるだろう。このような結果は，プログラムを最初に行った後に実感できるだろうし，その後の2週間でさらに良くなるだろう。

　第1章では，ストレッチ・トゥ・ウィンシステムを習得するための基礎となる10の基本原則について述べる。スポーツを行っている人ならわかると思うが，まずは基礎を固めることが必要である。第2章は，スポーツ，フィットネス，リハビリテーションの専門家の中にも未だにある誤解を解くために，柔軟性やストレッチングに関する解剖学や生理学について論じる。また，「**筋膜**」とも呼ばれる結合組織の詳細についても検討する。ヒトは運動や生命維持に必要な多くのことに関する情報を音速で伝達する筋膜のネットワークを有していることが，研究で示されている。硬さ，痛み，重さ，こわばり，筋力低下など，慢性的な問題が解決しない場合，筋膜のバランスが悪くなっている可能性がある。これらの問題の解決策は，後の章で説明する。

　第3章では，弾性反動（elastic recoil）や波状運動，筋膜のストレッチングを用いることを支持する最新の研究について取り上げる。これらは筋力向上，コンディショニング，障害予防の新たなプログラムにとって重要な要素であり，ストレッチ・トゥ・ウィンシステムはこれらすべてを含んだものとなっている。

　第4章では，スポーツパフォーマンスの基礎となる基本的動作の評価と修正の重要性について議論し，スポーツと柔軟性の関連性について検討する。コアの安定性の基礎となるコアの可動性についても検討するが，これは見逃されることが多い要素である。これらに問題があることが特定されずに放置されることで，多くのアスリートがキャリアを通じて苦しむことになる。柔軟性が筋力やパワー，スピードのような運動の質にどのような影響を及ぼすかについて述べた後，スポーツパフォーマンスに沿った最適な柔軟性プログラムの順序について検討する。

　第5章では，これまでの章の情報を応用した筋膜可動性評価（fascia mobility assessment：FMA）による柔軟性の評価方法を説明する。この評価により，スポーツパフォーマンスの妨げになっている原因を見つけることができる。この章を読めば，FMAの結果に基づいて，ストレッチングプログラムをカスタマイズできるようになる。何が目標達成の妨げ

になっているのかを判断できるようになり，最も高いレベルのパフォーマンスを維持する方法も学ぶことができるだろう。また，障害から迅速に回復する方法や障害予防についても学ぶことができる。

　第6章では，第5章の評価で見つかったバランス不良の修正方法について述べる。また，片側性や非対称性のストレスや挫傷が生じることが多い激しいトレーニングや試合から，素早く回復させる効果のあるストレッチングプログラムについても説明する。これらのプログラムは，オーバートレーニングによる軽度の問題に対しても有効である。この章のプログラムを行うことで，軽度の問題が重度の障害に発展することを予防できることが多い。

　第7章では，練習や試合の間にも行うことができるダイナミックストレッチングのプログラムを紹介する。このプログラムは，大部分のスポーツに共通する主要な動作パターンに焦点を当てている。プログラムのすべてを行ってもよいし，特定の活動に必要な身体部位だけを選んで行うこともできる。

　最終章である第8章では，エリートアスリートやプロ選手のパフォーマンスを最高のものにするための，アシステッドストレッチングの方法を説明する。この最終章は，アスリートを対象とした最も効果的なストレッチングを求めているスポーツやフィットネス，リハビリテーションの専門家を対象としているが，アシステッドストレッチングに興味がある選手にも役立つだろう。

　本書には，ストレッチングや柔軟性トレーニングに対する私たちの情熱が注ぎ込まれている。数十年にわたってクライアントとともに開発してきたこのシステムを利用すれば，柔軟性以上のものを得ることができる。トレーニングの効率が良くなることで時間を節約でき，痛みを和らげるために支払う治療費も節約できる。以前は難しいと思われていた目標を達成できるようになり，すべてがうまくいくナチュラルハイな状態を経験することが増え，トレーニングやスポーツを心から楽しむことができるようになるだろう。スポーツで最高の経験をするために，勝つためのストレッチングをしよう（stretch to win）！

　〔注：私たちのホームページ www.stretchtowin.com では，本書で紹介するプログラムの動画や情報を紹介している（英語）〕。

目　次

第1章　柔軟性を最適にするための10の原則 …………………………………… 1

第2章　柔軟性の解剖学と生理学 ………………………………………………… 13

第3章　柔軟性トレーニング ……………………………………………………… 35

第4章　スポーツパフォーマンスにおける柔軟性 ……………………………… 51

第5章　柔軟性の評価 ……………………………………………………………… 59

第6章　基礎的な可動性のためのストレッチング ……………………………… 89

第7章　スポーツのためのダイナミックストレッチング ………………………125

第8章　アシステッドストレッチング ……………………………………………147

用語集……………………………………………………………………………………185
引用文献…………………………………………………………………………………189
索引………………………………………………………………………………………190

ストレッチング一覧

ローワーボディ・コア4プログラム ……………………………… 92
殿筋のストレッチング：パワーネット，ラテラルネット，バックネット　94
腰方形筋のストレッチング：ディープ・フロントネット，ラテラルネット　96
腸腰筋のストレッチング：ディープ・フロントネット　97
広背筋のストレッチング：バック・パワーネット，アームネット　98

アッパーボディ・コア4プログラム ……………………………… 100
小胸筋のストレッチング：ディープ・フロント・アームネット　102
回旋筋腱板のストレッチング：ディープ・バック・アームネット　104
肩甲挙筋のストレッチング：ディープ・バック・アームネット　106
菱形筋のストレッチング：ディープ・バック・アームネット，ディープ・パワーネット　107

ファッシア5ストレッチ ……………………………………………… 109
バックワードベンド：スーパーフィシャル・フロントネット，アームネット　110
スタガードスタンス・バックワードベンド：ディープ・フロントネット，アームネット　112
バックワードストレッチ・オーバー・ボール：スーパーフィシャル・フロントネット，ディープ・フロントネット，アームネット　114
フォワードベンド：バックネット，アームネット　116
フォワードストレッチ・オーバー・ボール：バックネット，アームネット　118
スタンディングサイドベンド：ラテラルネット，パワーネット，アームネット　120
サイドストレッチ・オーバー・ボール：ラテラルネット，パワーネット，アームネット　122

床の上で行うダイナミックストレッチング …………………… 127
股関節–脊柱–肩のストレッチング　128
股関節屈筋–体幹–肩のストレッチング　130
股関節内転筋–腹筋–体幹のストレッチング　132
股関節外転筋–広背筋–腰方形筋のストレッチング　134
股関節屈筋–腹筋–脊柱のストレッチング　136
腰部–殿筋–広背筋–ハムストリングス–大腿部のストレッチング　138

立位で行うダイナミックストレッチング ………………………………………………… 142
腓腹筋–膝窩筋–股関節–体幹–肩関節のストレッチング　142
ヒラメ筋–足関節後部のストレッチング　144

床の上で行うアシステッドストレッチング ……………………………………………… 150
ラテラルネットのストレッチング　150
パワーネット，スーパーフィシャル・バックネット，腰部のストレッチング　152
パワーネット，中殿筋，梨状筋のストレッチング　154
パワーネット，大殿筋，深層外旋筋のストレッチング　156
殿筋のスウープ　158
スーパーフィシャル・フロントネット，ディープ・フロントネット，股関節屈筋のストレッチング　160
フロントネットと広背筋のストレッチング　162
スーパーフィシャル・バックネット，腓腹筋，ヒラメ筋のストレッチング　164

治療ベッドの上で行うアシステッドストレッチング ………………………………… 167
ダブルレッグトラクション　168
シングルレッグトラクション　170
治療ベッドの上でのラテラルネットのストレッチング　172
サックオブバンズ　174
中殿筋のストレッチング　176
大殿筋と股関節深層回旋筋のストレッチング　178
股関節屈筋シリーズ　180
股関節屈筋全体の筋膜ネットのストレッチング　182

1.
柔軟性を最適にするための10の原則

　以下に示すのは，私たち著者がセラピストとして，またインストラクター，あるいはコーチとしての経験と研究を通じて開発した，ストレッチ・トゥ・ウィン（Stretch to Win）システムの基礎となる10の重要な原則である。

1. ストレッチングと呼吸を同期させる。
2. ストレッチングによって神経系を調節する。
3. 正しい順序でストレッチする。
4. 痛みなくストレッチする。
5. 筋だけでなく**筋膜（fascia）**[訳注1]もストレッチする。
6. 複数の運動面でストレッチする。
7. ストレッチングで関節を伸張する。
8. 最大限伸張するために**牽引**を用いる。
9. 必要に応じて抵抗を加える。
10. 目標に合わせてパラメータを調節する。

　これらの原則は，人体のシステムと同じように，相互に非線形に連携して作用する。この

訳注1：「fascia」は，日本では「筋膜」「膜」「ファッシア」などと訳されることが多いが，本書では最も一般的に使用されている「筋膜」を用いた。また「myofascia」は，筋や腱を包み込んで軟骨に結合するものとして「筋筋膜」と訳した。これらは日本語訳として公式に統一されているものではないことをご承知ください。

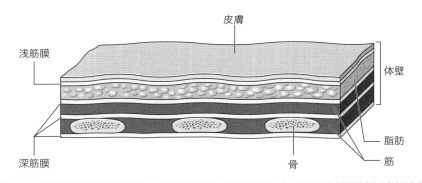

図1.1 筋膜は体全体に広がる軟部組織のネットワークを形成し，皮膚，筋，器官，神経と連結している。

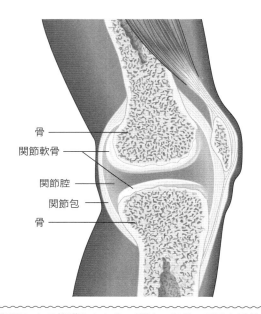

図1.2 関節包は体の最深層にある筋膜からなり，関節，靭帯，骨膜と連結している。

順序は重要性の順番ではなく，必ずこの順番で行う必要があるわけでもない。これらの原則は，深層の最もシンプルな動作である呼吸から，最も複雑な複数の運動面で行う動作まで網羅する多層アプローチで行うように構成されている。これらの層には，従来のストレッチングや柔軟性トレーニングが十分に対処していなかった**関節包**と筋膜がある。筋膜は柔軟な**結合組織**であり，体全体に広がる連続体として張力ネットワークを形成している（図1.1参照）。筋膜は皮膚，筋，すべての器官や神経と連結している（Schleip and Müller 2012）。このことから，本書では「筋膜ネット（fascial net）」という言葉を使っている。関節包は筋膜とは異なる形態で関節全体を覆っており，また靭帯とともに機能し，関節液を包含する役割を持つ（図1.2参照）。

これから，各原則の詳細を説明する。これらの原則は，私たちが指導している柔軟性プログラムの基礎となっている。

〜 原則1：ストレッチングと呼吸を同期させる 〜

　呼吸の仕方によって精神や感情，身体が影響を受けることから，アスリートは呼吸の重要性を理解している。ボールを目標に向かって投げたり，弓矢や銃で的を狙ったりする際，正確に目標物に当てるためには，呼吸のタイミングがきわめて重要であることはよく知られている。

　呼吸は筋緊張にも影響を及ぼす。たとえば，睡眠時無呼吸症候群（睡眠中に呼吸が停止することで睡眠が妨げられる）では，上気道領域の筋の緊張が低下している。別の例としては，甲殻類や蜂刺されにアレルギーがある場合，アナフィラキシーショックによって筋緊張が亢進し，気道が腫れて閉塞し，死に至ることもある。いずれのケースにおいても，筋緊張の異常が呼吸機能に重篤な問題を引き起こす悪影響を及ぼしている。

　スポーツの場面，たとえばリラックスして集中することが求められるゴルフのパッティングの時に速く呼吸してしまうと，リラックスすることが難しくなる。一方，100m走や水泳の100mスプリントのスタートの時に非常にゆっくり呼吸すると，スタートの合図に反応してスターティングブロックを効果的に押すことができなくなる。どちらの場合も，間違った呼吸テクニックによってパフォーマンスに悪影響が出る。

　呼吸とパフォーマンスは，実際にはどのように関連しているのだろうか。この関連性を示す例として，以下の簡単なエクササイズを試してみよう。

- 左右の足を腰幅に開いて立つ。
- 体重が，つま先や踵ではなく，アーチの中央に載っていることを確認する。
- 大腿部に力が入らないようにしながら，膝を軽く曲げる。
- 尾骨を床の方向に下げ，頭部を天井の方向に持ち上げるような感じにする。
- 目を閉じて，息を吸う時に腹部がリラックスして広がるのを感じる。息を吐く時も腹部がリラックスした状態を保つ。
- 緊張や違和感，痛みを感じる部分を見つけて，同じように呼吸を続ける。呼吸をするごとにより深くリラックスしていくのを感じる。
- 深くゆっくりと息を吸って吐くことを1回として，これを10回行う。

　この簡単な気づき（アウェアネス）を促すエクササイズを行ったクライアントからは，「こんなに体が緊張していたなんてわからなかった」「リラックスするのがこれ程難しいとは思わなかった。どうしてリラックスできないのだろう？」というような感想を聞くことが多い。また，「このエクササイズを行う前は肩が痛かったけど，今は痛くない！」といった反応もある。クライアントたちは，このシンプルなエクササイズを行うことで不必要な緊張に気づき，自分の力で即座に緊張を軽減する方法を学んだのである。

　このエクササイズを行い，呼吸と体の状態がつながっていることを理解できると，さらに進んだ特殊な呼吸法を行うこともできる。たとえば，呼吸エクササイズで経験したことを，

柔軟性トレーニングの様々な効果を得るためにストレッチングのテンポを変化させることに利用できる。実際の方法は第3章で述べる。

呼吸が筋緊張に影響することを経験して理解し，それをストレッチングに応用すれば，通常のストレッチングよりもはるかに良い反応を得られるだろう。なぜなら，ストレッチングと呼吸を同期させる原則を通じて（他の原則とともに），体の状態を正確に評価する方法を学ぶことにより，ある特定の瞬間に必要とされる状態を得ることができるからである。これは，前に説明した呼吸エクササイズよりも短い時間で動作制限を引き起こす不必要な緊張を認識しリリース（release：緩め，解きほぐすこと）できるシンプルなストレッチングや，睡眠前に短時間行うことで柔軟性を回復させるストレッチング（原則3参照）を指す。このようなストレッチングによって，その日に蓄積した緊張や硬さを解きほぐし，一晩で完全に回復して，翌日の活動に求められる最適な柔軟性を得ることができる。

私たちのクライアントは，回復のストレッチングを数を数えながら行うのではなく，呼吸に集中しながら行うことで，良い効果を得ている。呼吸とストレッチングを調和させれば，動作を制限している部位の中でも，素早くリリースできるところと時間がかかるところを区別できるようになる。すべての動作に適切な呼吸テクニック（第3章参照）を同期させられるようになれば，競技中の動きだけでなく日常生活動作も大きく変化するだろう。

〜 原則2：ストレッチングによって神経系を調節する 〜

神経系を調節するとは，活動前に神経系を活性化させたり，回復のために神経系の活性を低下させたりして，良いパフォーマンスを発揮するために柔軟性を高めることを意味している。アスリートはスポーツの前後で神経系の反応を増減させなければならない。つまり，運動前と運動後に求められる柔軟性は異なる。

ストレッチングを行うべきか否かについては，研究結果や経験則から賛否両論がある。実際には，ストレッチングを行うべきか否かという問題ではなく，目的に合った適切なストレッチングをいつ，どのように行うかが問題なのである。トレーニングでも試合でも，運動を行う前に適切なウォームアップを行うことは，運動科学やスポーツ医学では常識となっている。たとえば，間もなく開始予定の試合に備える場合，体を動かしながら呼吸やストレッチングを行うことで神経系を活性化し，筋への血流や酸素供給量を増加させる。そして心と体の集中を高めて試合に臨むことになる。通常，このようなストレッチングは**ダイナミック（動的）ストレッチング**と呼ばれるが，私たちが開発したものは**ファスト・アンジュレーティングストレッチング**（fast undulating stretching）と呼んでいる（詳細は第3章を参照）。

対照的に，運動後は疲労した心身を回復させるとともに，柔軟性を回復させるための時間である。筋肉痛や筋の硬さが最初に現れるのはクールダウンの時で，それが最も顕著になるのが24〜36時間後である。また，鼡径部やハムストリングスを痛めて脚を引きずりながら歩いていることもあるだろう。いずれの場合も，目標はできるだけ早く，可能であれば1晩で柔軟性を回復し，翌朝には硬さが取り除かれて元気になり，運動を再開する準備ができ

ていることである。

　このような目的のために，従来は，一定の時間伸張を持続する**スタティック（静的）スト
レッチング**が行われてきた。私たちの方法では，ゆっくりとしたペースで呼吸と動作を同期
させて神経系を調節し，運動前に行うストレッチングよりも長い時間をかけて，徐々に動き
を大きくして行う。このように，神経系の活性を低下させて柔軟性を獲得する私たちの方法
は，**スロー・アンジュレーティングストレッチング**（slow undulating stretching）という（詳
細は第3章を参照）。

　私たちの経験からいえるのは，必要な状態になるように神経系を調節すれば，トレーニン
グやスポーツで行うすべての動作の反応が高まり，ケガを減らすことができるということで
ある。この詳しい内容については第3章で述べる。

〜〜原則3：正しい順序でストレッチする〜〜

　私たち2人は，プロのダンサーと武道家としての経験，そして何千人ものクライアント
にストレッチングを行ってきた長年の経験から，ストレッチングを特定の順序で行うことで
最も良い結果が得られると考えている。もちろん例外はあり，またヒトの解剖には様々なバ
リエーションが存在するが，次に示す順序と行う人の直感を組み合わせれば，非常に効果的
な柔軟性プログラムとなるだろう。

　通常，複数の関節をまたぐ表層にある筋群よりも，関節包や関節包に隣接する深層の筋群
を先にストレッチすると，柔軟性が改善しやすいことがわかっている。これについては，中
枢神経系と末梢神経系への多様な効果を考慮すると，複雑で様々な要因があると考えられる。
体の深層構造の制限をリラックスさせてリリースすると，反射や生化学的プロセスが刺激さ
れて，他の部位が次々とストレッチングに反応するようになる。詳細は第2章と第3章で
説明する。

　アスリートの股関節は，硬くて**可動性**が**低下**していることが多い。このような股関節の状
態は，体全体の柔軟性を制限する最も根深いバリアであり，特に脚の効果的な動作を妨げる
原因となる。一般的な例として，背臥位で膝を抱えて胸につける動作を行った時に，股関節
あるいは鼠径部につまり感があるのは，股関節にインピンジメントがあるという徴候である。
これは炎症が原因である場合もあるが，股関節の屈筋や関節包の硬さにより動作が制限され
ている可能性が高い（原則7参照）。この制限により股関節の表面が過剰に圧迫されるので，
この徴候を無視してしまうと股関節炎が発症しても不思議ではない。このような状態は，一
般の人よりもアスリートで生じやすい。しかし，対処可能なうちにこの部位に対するストレッ
チングを行えば，症状を完全に消失させることができる。

　単関節筋と関節包が柔軟になれば，筋と結合組織の層が深層から表層までその長さにかか
わらずリリースされ，二関節筋を効果的にストレッチできるようになる。

　その他に考慮すべき論理的順序として，関節の反対側にある筋が適切に機能するのを妨げ
る非常に硬い筋を優先的にストレッチすることがある。**機能的動作**では，主動筋と，主動筋

を補助する**共同筋**が機能している。通常，主動筋と共同筋は一緒に作用（共同運動）するが，柔軟性のバランス不良や何らかの障害によって過剰に負荷が加わると，共同筋が主動筋を代償する。主動筋が十分に機能できない場合には，共同運動で優位に働く筋が運動を担うことになる。

よくみられる例として，股関節屈筋の硬さによって股関節伸筋の収縮が抑制されることが挙げられる。股関節伸筋である殿筋を適切に収縮できなければ，ハムストリングスに余分な負荷がかかる。ハムストリングスは殿筋の補助として股関節の伸展に作用するので，この場合はハムストリングスが共同運動で優位に働くことになる。結果として，ハムストリングスに過剰な負荷が加わって損傷することが多い。適切なストレッチング（このケースでは股関節屈筋のストレッチング）を行って硬さを取り除けば，抑制されて筋力が低下している筋（殿筋）の筋力と機能が回復し，共同筋（ハムストリングス）に加わっている過剰な負荷を減少させることができる。

〜 原則4：痛みなくストレッチする 〜

ストレッチングでは痛みが生じてはいけない。ストレッチングで痛みが生じるならば，無理に行ったことで健康な組織が損傷してしまったと考えられる。いったん損傷すると，これが原因で瘢痕組織が増加し，パフォーマンスが低下する。

アスリートの柔軟性やパフォーマンスが劇的に向上するのは，安心できる静かな環境でリラックスしてストレッチングを行う場合であることがわかっている。このような条件下であれば，非常に体が硬いアスリートでも，最初のセッションか2回目のセッションで柔軟性が50〜100%（ゴニオメーターでの測定や目測で）改善するのをこの目で見てきている。このような柔軟性の改善は，痛みなく達成したものである。柔軟性プログラムに常に10の原則を取り入れて行えば，セルフストレッチングでも同様に痛みなく劇的に可動性を改善させることができるだろう。

ストレッチング後に硬さや痛みを感じるならば，あまりにも強くストレッチしたか，呼吸に問題があったか，あるいは目的に合っていないストレッチングを行っていた可能性がある。実際，私たちのクライアントの証言によれば，ストレッチングを行うと柔軟性が向上するどころか硬くなってしまうので行わないというアスリートが存在するのである。競技アスリートにとっては，このような反応は受け入れがたいことなので，当然のことだろう。

痛みなく**可動域**（range of motion：ROM）を増大させるためには，**リバウンド効果**（rebound effect）という反応を生じさせずリリースあるいはストレッチする方法を学ぶことが重要である。リバウンド効果とは，ストレッチした直後に筋が硬くなってしまうことをいう。偶然か意図的により深く，より強くストレッチした時など，急激にあるいは長時間ストレッチすることで，このような状態になる可能性がある。急激にストレッチされると，体は損傷を避けるために筋収縮や筋スパズムを引き起こす。また，過剰に強くあるいは過剰に長時間ストレッチすることでも，痛みとともに硬さが生じる。

ストレッチングを，その効果を打ち消す方法で行っている人に，リバウンド効果が多くみられる。このために，ストレッチングから最適な反応が得られなくなるが，このような結果（全体的な柔軟性があまり改善しないこと）では，ストレッチングを行った時間が無駄になってしまう。

次に示す簡単なエクササイズを行って，リバウンド効果を体験してみよう（ただし，脊椎の痛みやケガがある場合，特に神経や椎間板に問題がある場合には行ってはいけない）。

- 左右の足を肩幅に開いて立つ。
- まっすぐ前を向き，ゆっくりと体を横に倒す。腕は無理に床の方向に伸ばそうとせずに，自然に下げておく。
- 元の姿勢に戻る際に，ストレッチした筋が収縮するのを感じる。

ストレッチした後，単に反対方向に動かして開始肢位に戻ると，リリースしようとした筋線維が収縮するので，ストレッチしたことの効果が打ち消されてしまうだろう。痛みを生じさせずに可動域や柔軟性を改善するためには，このようなことが起こらないように，伸張した筋を緊張させずに開始肢位に戻す方法を学ぶことも重要である。先程のエクササイズを修正した方法を試してみよう。

- 体を横に倒してストレッチした後，反対方向に動いて戻るのではなく，床の方を見て，両腕が体の前にぶら下がり膝が少し曲がるまでゆっくりと体を前方に曲げていく。
- 殿筋や背筋を使ってゆっくりと体を起こしながら開始肢位に戻る。

この原則は，第6～8章で紹介するストレッチングプログラムで用いることになる。

〜 原則5：筋だけでなく筋膜もストレッチする 〜

この原則は，以下の理由から最も重要な原則の1つである。

- 反復性ストレス損傷[訳注2]，およびいわゆる肉ばなれの大部分は，筋のコラーゲン性結合組織（腱，靱帯，関節包など）に生じる。
- 従来の筋力トレーニングは，結合組織も対象としてはいるが，特定の組織をトレーニングする方法として最適のものではない。
- スポーツ科学の領域では，結合組織を対象としたトレーニングにあまり注意が向けられてこなかった。

訳注2：反復性ストレス損傷（repetitive strain injury）：繰り返し負荷がかかることで生じる損傷。

よくみられるスポーツ障害には，反復性ストレス損傷が原因となっているものがある。従来のトレーニングは結合組織や筋膜に対処するには不十分なので，本書では筋膜の柔軟性や可動性の評価，修正，トレーニングに焦点を当て，そのギャップを埋めようとしている。

筋膜は人体の張力ネットワークと呼ばれることもある。私たちは，張力や力の伝達を調整することで，動作を修正してバランスを改善するために，ストレッチングを利用している。脳は動作パターンを使って体を機能させ，またすべての筋は筋膜ネットでつながっていることから，バランスのとれた機能を獲得・維持するために，筋膜のストレッチングを行っているのである。

〜 原則6：複数の運動面でストレッチする 〜

トレーナーやセラピストがアスリートのパフォーマンス向上やリハビリテーションのプログラムを計画する際には，その専門種目で求められる姿勢，柔軟性，筋力，機能的動作などを3次元で正確に評価し，客観的な情報を得なければならない。3次元評価の例として，スクワットを前方・側方・後方から観察することが挙げられる。各方向からの観察結果を組み合わせることで，スクワットをより正確に評価することができるだろう。

専門的な評価を行わなくても，アスリートが動作を3次元でとらえることができれば，ケガを減らしてパフォーマンスを向上させる能力が高まる。ストレッチングを複数の運動面で行い，その知識と経験を自分の競技のトレーニングに組み入れることで，ケガを予防しパフォーマンスを向上させることができる（第3，4章参照）。

プロのアスリートでも，手当たり次第にストレッチングを行って筋のバランス不良が永続化していることが多い。腕や脚の片側が硬いことを考慮せずに両側とも同様にストレッチしてしまうと，抵抗が少ない側がストレッチされて**相対的柔軟性**だけが改善することになる。相対的柔軟性とは，トレーニングや競技，ストレッチングを行っている時の自然で最も行いやすい動作や可動域のことを指す。たとえば，右側の大腿四頭筋が硬い場合に，両側とも同じ強度・持続時間・頻度でストレッチングを行うと，右側の大腿四頭筋は左側と比較して硬いままである。左側の大腿四頭筋は右側と比較してより柔軟性があり，ストレッチングに反応しやすいので，簡単にストレッチできる。その結果，ストレッチングによって大腿四頭筋の相対的柔軟性は向上するが，右側の脚に可動域制限があることを考慮しなかったために，左右の大腿四頭筋のバランス不良は改善しない。

経験豊富な専門家が適切な評価を行えばバランスが悪い原因は明らかになるが，アスリートが自分自身で評価し，日常生活活動やスポーツ動作，トレーニングで，複数の運動面での動き方に反映させれば，自分でもバランス不良の原因がわかるだろう（第5章参照）。このような自己分析によって，複数の運動面でストレッチングを行う方法，つまり各関節に特有の可動性を得るために角度を変えることが，スポーツ動作に直接関連することを理解できるようになる。筋膜が接続している起始や停止を意識し，様々な角度でストレッチすれば，ストレッチする筋だけを意識する方法よりも結果がよくなる。このようなことを意識していれ

ば，体が必要とする時に必要なものを与えることができるだろう。このような原則に常にしたがっていれば，「体の声を聞く」方法を学ぶことができる。このようにしていれば，小さな問題が大きくなることはなく，パフォーマンスを最適なものにできる。

〜原則 7：ストレッチングで関節を伸張する〜

関節包は関節全体を覆っている筋膜の一種で，靱帯とともに関節をつないでいる（図 1.2 参照）。私たちの師であり仲間でもあるトーマス・マイヤース（Thomas Myers）(2014) は，関節包を靱帯と骨膜につなげる深層の連続した筋膜組織の経路が存在することを，解剖によって示した。これらは腱や筋につながり，それからまた別の腱や骨，靱帯，関節につながっていく。この筋膜のつながり（マイヤースは「ライン」あるいは「経線」と呼び，私たちは「ネット」と呼んでいる）は体全体に広がっている。例として，足底の硬さが，背部の筋膜ネットを通じて頭蓋底までの部位に痛みなどの症状を引き起こすことが挙げられる。関節と関節包は筋膜ネットの最深層に位置するので，各関節をつなぐ筋膜ネットの状態は関節包の状態に影響を受けることになる。

健常人の関節可動域制限の約半数は，関節包の硬さが原因であるといわれている。このため，関節包の可動性を最適に保つ方法を理解することは重要である。関節包が硬くなると，覆っている骨に癒着する傾向がある。必要な可動域を許容する正常な柔軟性のある関節包と異なり，プロのアスリートによくみられる硬くなった関節包は可動域を制限する。筋は骨に付着し，骨は関節によって別の骨につながっているので，関節の可動域が制限されると筋の可動域（柔軟性）も制限されることになる。筋の可動域が制限されると，自動的に代償が生じるように，体はプログラムされている。**可動性の低下した関節を代償するために他の関節の可動性が過剰になること（過可動性）**で，体は機能し続けることができる。たとえば，肩にある 4 つの関節の 1 つに制限が起こると，制限された関節を代償するために，長期的には他の関節の可動性が過剰になる。制限が長期化すればするほど，体は運動を行うために代償をさらに助長させる。このため，代償が蓄積することで痛みや動作機能不全などの問題が生じ，専門家の手を借りなければならなくなる。

クリニックでは，股関節の関節包に問題が生じて「つまり感がある」と訴えるアスリートが多い。この状態が続くと，股関節に骨が動くための隙間が少なくなるので，脚長の機能的な短縮が引き起こされる。このように脚長が短縮すると，短縮した側の仙腸関節と腰椎椎間関節が影響を受けることになる。股関節の可動域が制限されるため，深層にある股関節屈筋である腰筋が硬く短縮する。このような状態はランニングやジャンプ，スポーツ動作のパフォーマンスに悪影響を及ぼし，長期的には股関節の滑液包炎，腱炎，関節炎などが発症する可能性もある。しかし，股関節の関節包に対する柔軟性プログラムを行えば，機能的短縮を改善し，パフォーマンス低下を避けることができるだろう。

柔軟性プログラムに関節包へのアプローチを含めるならば，関節の基礎的な機能について理解する必要がある。たとえば，股関節は球関節であり，あらゆる方向に動くことができる。

ストレッチングを行う時にはこの知識を利用し，股関節の主要な方向すべてに対処すれば，スポーツの複雑な動作を行うために必要な**機能的柔軟性**を最大限に獲得できる。第5，6章では，体全体に対する評価と，股関節など各部位に対するストレッチングについて説明する。第8章では，股関節の可動性が低下しているか，あるいは過剰になっているかに基づいて，関節包のストレッチングであるアシステッドストレッチングの適応と禁忌に関するガイドラインを示す。

〜 原則8：最大限伸張するために牽引を用いる 〜

　ストレッチングは筋膜，筋，腱，靱帯などの硬くなった組織を伸張するために行うことが多い。前項で説明した股関節の例のように関節が圧迫されている場合，関節の隙間を広げるために**牽引**することは理にかなっている。原則3で述べたように，通常は関節包のストレッチングから始めて短い単関節筋をストレッチし，それから他の筋や筋膜のストレッチングを行う（詳細は第2章で述べる）。したがって，クライアントの股関節を評価して関節包の硬さや可動性低下があれば，この硬さを取り除くために最初に牽引を行うことになる。

　関節包をストレッチするための理想的な方法は，適切な角度，強度，持続時間，頻度を考慮して行う長軸方向への**徒手的な牽引**である。つまり，セラピストがクライアントの脚を引っ張ることで，股関節の関節包がストレッチされて関節に隙間ができる（第8章参照）。関節包が分回し運動や牽引によりウォームアップされてストレッチングに反応しやすい状態になったら，関節を覆っている筋と筋膜（**筋筋膜**）の牽引やストレッチングに重点を置く。これは，関節包の正や負の変化に反応する筋筋膜の最深層にある組織をストレッチすることである。この最深層にある筋や筋膜は二関節筋よりも短いため，これらをリリースすれば二関節筋などの長い筋をより速く効果的にストレッチできるようになる。原則6（複数の運動面でストレッチする）と牽引を用いる原則を組み合わせれば，痛みを引き起こして運動パフォーマンスに悪影響を及ぼす硬い組織を最大限に伸張できる。専門家による徒手的な牽引について述べたが，他の原則と組み合わせることで，特別な器具を使わなくても自分自身でうまく牽引できるようになる。

　2つ以上の関節にまたがる筋をストレッチする際には，近位（体の中心に近い側）と遠位（体の中心から遠い側）に牽引を加えれば，筋筋膜を起始から停止まで完全にストレッチすることができる。実際に，牽引を行うことで，原則7で述べたように単なる部分的な筋の付着を越えて広がる筋膜経線をストレッチする効果が大きくなる。牽引を行わないでストレッチするよりも可動域が大きく改善し，また全体的な柔軟性の改善が長期間持続する。

　まとめると，特定の筋膜経線にあるすべての組織（関節包，靱帯，腱，筋など）を牽引とともにストレッチすれば，硬い組織を最大限伸張することができる。その際には，痛みを生じさせることなく，論理的な順序で，深層から浅層までの組織をストレッチしなければならない。

〜 原則9：必要に応じて抵抗を加える 〜

固有受容性神経筋促通法（proprioceptive neuromuscular facilitation：PNF）によるストレッチングは，短時間で可動域を最も大きく改善できることが，スポーツ科学などの多くの研究で示されている。PNFについて簡単に説明すると，ポリオなどの神経障害に対して，神経学的反射の原理を用いて身体機能を改善するリハビリテーションのシステムとして，1940年代に開発されたものである。研究によりPNFが非常に効果的であることが示されたため，アスリートの柔軟性や筋力の向上を目的としても使われるようになった。最近の研究によると，PNFテクニックの**コントラクト・リラックス・アゴニスト・コントラクト**（contract-relax-agonist-contract：CRAC）と**コントラクト・リラックス**（contract-relax：CR）が最も効果的に柔軟性を改善することが報告されている。私たちの研究では，ストレッチしない側の脚をストラップで治療ベッドに固定して行うPNF-CRでは，可動域がより大きく改善し，その効果が長期間持続することを確認した（Frederick 1997）。

つまり，神経学的反射を利用したPNF-CRは，他のストレッチングよりも長期間にわたって可動域や柔軟性を改善できるのである。FST-PNFという私たちのアシステッドストレッチングのテクニックについては，第8章で説明する。

〜 原則10：目標に合わせてパラメータを調節する 〜

個々のクライアントのケガを減らしてパフォーマンスを向上させるという目標を達成するためには，目標に合った個別のパラメータを適切に用いる必要がある。状態が変化したら容易に対応できるように，これらのパラメータには柔軟性を含めなければならない。たとえば，体が硬くて痛みがある日は，強度よりも頻度や持続時間のようなパラメータに重点を置いてストレッチングを行う。これは，強すぎるストレッチングを行うことで症状が悪化したり体を痛めたりしないようにしながら，柔軟性を向上させるためである。一方，体が緩んでいると感じる日は，体全体に対する短時間の柔軟性プログラムを行うことで，実際の柔軟性を確認することができる。

トレーニングプログラムを計画する際には，**テンポ，強度，持続時間，頻度**の4つの要素が重要となる。テンポはストレッチ動作を行うスピード，強度は安全かつ容易に最大の効果が得られるストレッチ動作の可動域はどの程度かということ，持続時間は柔軟性を最大限に得るために必要なストレッチ動作を維持する時間，頻度は現在の目的に合う最良の結果を得るためにストレッチングを一定の期間内に何回繰り返すべきかということである。

これらのパラメータは，シーズン中やシーズンオフなどの時期，心身の状態の変化などに合わせて変えることができ，また必ず変えるべきである。このような状態の変化はパラメータの決定に影響するので，こういった変化がどのように作用するかについて十分に理解しておくことは，トレーニングを続けてパフォーマンスの目標を達成するために必要である。

次章では，柔軟性とストレッチングに関する解剖と生理学について説明する。また，スポーツのパフォーマンスを改善するためのストレッチングについて理解しやすいよう，人体における筋膜の配置を視覚化した図を示す。

2.
柔軟性の解剖学と生理学

　ストレングス＆コンディショニングやパーソナルトレーニングの分野では,「柔軟性」は単に可動域のこととして定義されることがある。しかし,私たちは柔軟性の専門家として,トレーニングやフィットネス,スポーツなどあらゆる分野に当てはまるより正確な定義として,柔軟性を以下のように考える。

　柔軟性とは,活動を遂行し,生存を脅かす状況に対応するための必要性に応じて,あらゆるストレスに適応し,同様のストレスや新たなストレスに対応するために十分な時間の中で完全に回復する能力のことである。

　これは,アスリートが競技で成功するためには,そのスポーツで受けるストレスに対して身体的,精神的,感情的に適応しなければならないことを意味する。もちろん,スポーツに適した才能や筋力,可動性,協調性,クイックネス,アジリティ,スピードなど,スポーツに必要とされる身体・運動能力を有していることが,適応能力の前提となる。また,野球でボールを追視して打つことなど,各スポーツに求められる視覚能力も必要となる。他にも,健康に必要な要素(検査結果で炎症がない,適切なホルモンレベルである,栄養因子に問題がないなど)についても最適でなければならない。さらに,精神的・感情的要素(集中力,欲求,情熱,自信,幸福感,生存に対する脅威の認識の有無など)が最適でなければ,アスリートは自分のピークパフォーマンスを発揮する(つまり「ゾーン」に入る)ことができない。

　本章では,柔軟性に関する解剖についてシンプルかつ実践的な方法で説明する。これは,可動性の制限やバランス不良をより正確に評価できるようにするためである。評価を正確に行うことができれば,柔軟性を改善することがより容易になるだろう。

〜筋膜とは〜

　第1回筋膜研究学会（Fascia Research Congress）において，**筋膜（fascia）**[訳注3]とは，体全体に張力を伝達するネットワークを構成しているすべてのコラーゲン性・線維性結合組織であると定義された。別の定義では，体の内外から情報を受信し伝達する，神経系以外の体全体に広がるコミュニケーションネットワークであるとされている（Schleip et al 2012）。筋膜の科学は比較的新しい領域であり，過去10年間で急速に研究が進んだ。筋膜をトレーニングする新しい方法をアスリートが用いることを，多くのエビデンスが支持している。

　これは，以下のことを意味している。

- 筋膜とは，体のすべての結合組織を指す言葉である。
- 体を最も広く覆っている組織は筋膜である。
- 筋膜は，体のすべてのシステムにつながり，影響を及ぼしている。

　筋膜は体全体に広がり影響を及ぼしているので，筋膜に問題があるとスポーツパフォーマンスのあらゆる側面に問題が生じる可能性がある。したがって，アスリートが自身の機能を最高の状態に維持するために，筋膜によくみられる問題，その問題の迅速かつ効果的な解決方法，筋膜トレーニングのガイドラインを理解することは，理にかなっている。まず，筋膜の形態・構造について説明する。

筋膜の形態

　筋膜には常に自然な張力が加わっている。この張力は，風船の内側にある空気と同じようなものである。内側に張力が加わる理由の1つは，大気による圧力である。天候や高度な

訳注3：「fascia」の訳については，第1章，p.1の訳注1を参照。

最適な柔軟性には筋膜の可動性が必要である

　本書の目的は，フィットネスやスポーツ競技で必要とされる最適な可動性を得ることについて，科学的に証明された信頼できる方法を紹介することである。最適な可動性を得ることで，パフォーマンスが向上し，回復が促進され，障害を予防することができる。これまでストレングス＆コンディショニングやパーソナルトレーニングの分野では，最も効果的な方法の1つが見過ごされてきた。筋だけに着目したトレーニングは「旧式」の方法であり，神経筋筋膜系を考慮したトレーニングの方が効果的である。神経系や筋骨格系の大部分は様々な種類の筋膜で成り立っており，筋膜は他の部位の筋と直接的あるいは間接的につながって体全体に広がっている。私たちは，筋，骨，神経組織を構成する結合組織全体を，「筋膜系」と呼んでいる（Schleip et al 2012）。

第 2 章　柔軟性の解剖学と生理学

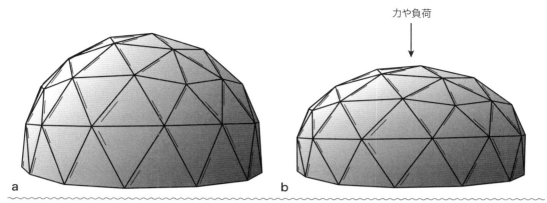

図 2.1　ジオデシックドーム（a）は，力や負荷に適応するテンセグリティ構造である（b）。

どによって変化するが，通常，人体は海抜 0 m で体の 6.5 cm² 当たり 6.8 kg の圧力に抵抗し続けなければならない。筋膜に正常な張力が加わっている別の理由は，重力が体を下方に圧縮する力を加えているからである。重力による圧縮力やスポーツ活動，絶え間ない激しいトレーニングによって，体は下方や内方に引っ張られたり，押し込まれたりする。

体は，筋膜と，それにつながる筋，靱帯，腱，神経，器官の正常な張力によって，各部位の平衡状態を保っている。この状態は，体から地面あるいは体に触れている他の物質へ圧迫力を伝達してバランスを補助することで，骨格構造がつりあいをとっている。骨格構造上でストレッチされていることで，筋膜には正常な張力が加わっていると想像するとわかりやすいだろう。体は，内部（動作）や外部（生活，スポーツ，トレーニング）からの力を伝達することで体が動いたり安定したりすることを助ける物質で構成されているため，**テンセグリティ（tensegrity）**構造であると考えられている。この言葉は，1960 年代に建築家でエンジニアの Buckminster Fuller により，張力が統合されたデザイン構造を表わすものとして考案された。

テンセグリティ構造の例として，スポーツアリーナやキャンプ用テントのようなジオデシックドームがある。ジオデシックドームは，重力以外の力が加わっていない状態では静的に形状を保ち（図 2.1a），外部から力が加わった場合には動的に形状を保っているので（図 2.1b），完全な状態にあるといえる。つまり，この構造は力に身を任せることで，破裂したり破壊されたりせずにいる。力が取り除かれた後は力が加わる前と同じ形状に戻る。テンセグリティ構造は，考えられる中で最も柔軟で順応性のある構造である。

人体には，テンセグリティ構造に似ているがより優れたデザインである**バイオテンセグリティ（biotensegrity）**がある（Levin 2006）。人体は，動き方，形状の変化，優位な状態への適応について，筋膜ネット構造により，すべての筋膜細胞と同時にコミュニケーションをとることができる。座ったり横になったりする時に，体は椅子や床の表面に適応する。同じ姿勢を長時間続けると，筋膜系にはストレスが蓄積し，圧力が体の表面から内部に加わることで緊張し，姿勢を変えるように心身とコミュニケーションをとる。デスクワークなどで頻繁に姿勢を変えない場合，ストレスや緊張が繰り返し長時間加わる部位の筋膜が厚くなる。

この肥厚は，筋筋膜のストレスや緊張に対する体の自動的な反応である。つまり，体が過剰にコラーゲンを蓄積して組織を強化しようとしているのである。しかし残念なことに，これは柔軟性を犠牲にする。瘢痕組織を見ればわかるように，コラーゲンは柔軟性が高い組織とはいえない。

別の例として，アメリカンフットボールのランニングバックのように，非常に強い衝突や衝撃に体が適応することが挙げられる。人体はバイオテンセグリティ構造なので，ランニングバックの体は自動的に形態を変化させて衝撃を和らげるだけでなく，ジオデシックドームのように筋膜ネットワークを通じて衝撃の力を体全体に伝達する。こうすることにより，力の大きさを減少させ，力が蓄積しないようにすることで，関連する組織が損傷を受けないようにしている。しかし，体は繰り返しストレスや緊張を受ける部位にコラーゲンを蓄積するようにプログラムされている。運動不足の人でも，あるいは非常に活動的な人でも，体は過剰なストレスや緊張に対して自動的にコラーゲンや瘢痕組織を生成する傾向がある。この対策としては，定期的にストレッチングを行うことである。定期的にストレッチングを行えば，筋力や他の運動特性のバランスも修正することができるだろう。ストレッチングは，無秩序に厚く蓄積したコラーゲン線維の再構成を助け，短縮して組織が内側に引き込まれている部位に長さとスペースを作り出す。

スポーツ用のコンプレッションウェア（体を圧迫するスポーツウェア）と，同じような手袋，靴下，フェイスマスクを着用し，体の表面全体が圧迫されていると想像してみよう。また，圧迫の力と同程度に反対方向へ抵抗する**張力**（tension）と呼ばれる力も想像してみる。既に述べた通り，筋膜系全体には通常，張力が加わっている。コンプレッションウェアは，皮下にある筋膜の外層を単純に誇張した例である。張力は皮膚を横に引っ張るのではなく，皮膚に対して垂直に加わっている。コンプレッションウェアで覆われたすべての部位で，圧迫に抵抗する張力が生じている。圧迫力と張力が等しくつりあっていれば，筋膜は安定した状態にある。多くのアスリートはコンプレッションウェアを着ているように，筋膜によって安定感と力強さを感じることができる。この例から，筋膜が体を内外から支持し，安定させていることがわかるだろう。

コンパートメント症候群

コンパートメント症候群は体内の区画内圧が上昇するもので，一般的には外傷により内出血や浮腫が生じることで発症する。内圧の上昇によって組織周囲の血流が阻害されるので，すぐに医療機関を受診する必要がある。スポーツで多くみられる医学的問題である。

コンパートメント症候群は，筋膜の炎症から生じた過剰な張力や圧迫力により，血流が遮断されて組織が壊死するおそれのある典型的な例である。脚に発症することが多く，危機的な状況になれば即座に手術（筋膜切開）が必要になる。下腿を切開して内圧を低下させ，瘢痕組織を除去することもある。本書のプログラムによって筋膜の柔軟性，可動性，強さを維持することは，コンパートメント症候群の予防につながる。

次に，コンプレッションウェアの圧迫が強すぎて，足の色が変わり始めることを想像してみよう。これは，筋膜によって体が強く締めつけられていることを表わしている。この状態は，体の一部，あるいは全身に生じることもある。全身の筋膜が強く緊張したアスリートは，柔軟性の専門家にみてもらった方がよい。筋膜ストレッチセラピー（fascial stretch therapy：FST：動作を使った徒手によるアシステッドストレッチング。詳細は第8章を参照）の認定者であれば，素早く効果的に可動性を回復させ，第6，7章で述べる筋膜可動性トレーニングのシステムを使って柔軟性を維持する手助けをすることができる。

今度は，緩すぎるコンプレッションウェアを着ている状態を想像してみよう。これは不完全な筋膜を表わしており，同じ筋膜連鎖にある部位が不安定で，代償や障害が生じやすくなっている。このような状態のアスリートには，初心者や可動性が過剰になっている人が多く，スポーツを安全にうまく行うために必要な筋力，パワー，安定性のスキルが不足している。

本書では，筋膜について，**ネット（net）**という言葉を使用する。ネットには厚いもの，薄いもの，開いているもの，閉じているもの，硬い，緩い，柔軟性がある，柔軟性がない，湿っている，乾いているなど，様々なものがある。理想的には，体のネットはバランスがとれていなければならない。つまり，硬すぎず，柔らかすぎないのが理想であるが，必要に応じて他の部位よりも硬い部位（腸脛靱帯など）や柔らかい部位（安静時の腹部など）がある。

アスリートや激しいフィットネストレーニングをする人は，硬くて可動性が低下した部位や，緩くて不安定な部位がみられることが多い。以下に，スポーツで生じる筋膜ネットのバランス不良の例を示す。これらの問題に対しては，本書の方法が役に立つだろう。

- 下腿の筋膜の硬さによる足底腱膜炎
- 大腿筋膜張筋や外側広筋の硬さによる膝外側や膝蓋骨の痛み
- 腰筋の硬さによる股関節のはさみ込み（**インピンジメント**）
- 腸腰筋の筋膜の硬さによる腰痛
- 腰筋の硬さによる吸気，持久力，最大酸素摂取量の低下
- 股関節屈筋群の硬さによるコアの筋機能低下
- 小胸筋の硬さによる回旋筋腱板（ローテーターカフ）の炎症や損傷
- 関節包や筋膜の圧迫による頸椎の痛みや制限

これまでの内容をまとめると，筋膜とは，ぴったりとフィットするようにカスタマイズされたコンプレッションウェアのようなもので，体に安定性や可動性を与えるために適度に緊張している。これが硬すぎたり柔らかすぎたりすると，競技パフォーマンスに悪い影響が生じる。

筋膜の機能

筋膜は，体の大部分の組織の枠組みであることから，人体における最大のシステムといわれ，筋骨格系，中枢・末梢神経系，臓器に至るまですべての主要なシステムにつながってい

る。このように広範囲につながっているので、体の構造を支持し安定させるだけでなく、すべての生理機能に大きな影響を及ぼしている。DNA合成や遺伝子発現から、脅威に対する即座の生存反応なども含めて、筋膜が主な要因となっている。最初に、筋膜がすべてのシステムの間の重要なコミュニケーション器官であることから説明する。

コミュニケーション器官としての筋膜

筋膜は、遺伝子発現やホルモン調節などの重要な生理的過程を制御するために、様々な大きさの力や動きからの力学的情報を伝える、連続した組織の結晶構造にたとえられる。これらは、体がバイオテンセグリティ構造であることで達成される。筋膜が、生存や日常機能に必要となる重要な情報を即時的かつ同時にすべての細胞へ伝えることが、研究によって示されている。この働きは、運動を通して健康やパフォーマンスのために促され維持されている。

全身の運動だけでなく、安静にしている時の細胞の振動である微小振動も、脳や神経系とは別に作動する最も速く効率的な全身のコミュニケーション器官である筋膜を刺激する。実際、スポーツやトレーニングで働く力は、毎時1,100 kmで力学的「振動」を全身に伝える。これは、神経系の3倍の速さである。体は、このようなスピードで、必要に応じてスタート、ストップ、方向転換を即座に調整することができる。神経系は筋膜よりも反応が遅いが、両者には共同で働く重要な接続があることが、研究により示されている。筋膜系が神経筋系とともに、日常生活の動作や、複雑で過酷なスポーツ動作の運動パターンと運動制御を司っていることは興味深い。

伝達器官としての筋膜

ここまで、筋膜系が張力を伝達するネットワークであることを説明してきたが、このことはアスリートにとってどのような意味があるのだろうか。筋膜が持つ多くの機能の1つとして、力伝達、つまり筋から腱、骨へ、あるいは筋から筋へと力を伝達する機能がある。**筋膜の力伝達能力**に問題があると、以下の能力が悪影響を受けるので、アスリートにとって重要である。

- 筋力、安定性、パワー、スピード、アジリティ、クイックネスなどの運動の質
- **固有感覚**と呼ばれる全身や身体部位の位置覚、運動覚の能力（大部分の筋膜の層には受容器が豊富に存在しており、運動によって刺激される）
- 脳の一部である**島（insula）** に接続する器官の情報に基づく、状態の良し悪しを認識する**内受容（interoception）** と呼ばれる深部感覚（筋膜には運動によって刺激される内受容性受容器が存在する）
- 日常の機能的活動、トレーニング、スポーツにおける運動パターンと運動制御の適切な筋活動の順序

筋膜に問題があると、これらに問題が生じ、スポーツのパフォーマンスに悪影響が及ぶが、

本書の方法を使うことによって，筋膜の力伝達を改善することができる。

リモデラーとしての筋膜

　筋膜は，「各部位で求められる張力に応じて線維の配列や密度を変化させる張力ネットワーク」である（Schleip 2015a, 3）。筋膜に機能的なストレスが加わって損傷すると，筋膜の配列が変化する。最適な環境下であれば，動作を支持，強化，安定化，あるいは補助するために，同じ種類か別の種類の筋膜が産生される。活動量が過剰であると（オーバートレーニングなど），筋膜に炎症（腱炎など），外傷（断裂など），瘢痕組織の形成などの変化が生じて，筋機能やスポーツのパフォーマンスが低下する。活動量が非常に少なければ，筋や神経の機能を維持する筋膜の能力が低下する。このことから，筋膜はトレーニングできるし，またトレーニングすべきであることがわかる。これまでフィットネスやスポーツの世界では，筋膜をトレーニングするということは考えられてこなかった。

　トレーニングによって筋膜が完全に改変するには，6～24ヵ月は必要であることが研究で示されている（Schleip et al 2012; Schleip 2015a, 2015b）。また，日々のストレスや損傷，特定のトレーニングによって，筋膜のリモデリングや適応が即座に起こることも研究からわかっており，これはアスリートのパフォーマンスが即時的に改善するという私たちの経験を支持するものである（Schleip et al 2012; Schleip and Müller 2012; Schleip 2015a, 2015b）。筋膜可動性トレーニングは，運動の質を改善し障害リスクを減少する効果的な方法であり，それによってスポーツやフィットネスで力を最大限に発揮できるようになる。

　次に進む前に，アスリートにとって重要な筋膜の機能についてまとめておく。

- 筋膜は，解剖学的・生理学的に体内のすべてのシステムとつながる唯一のシステムである（このことから，「ネット」あるいは「ネットワーク」と呼ばれる）。
- 筋膜に悪影響を及ぼすものは，体内のすべてのシステムに悪影響を及ぼす。
- 筋膜は神経系の3倍のスピードで体とコミュニケーションをとるため，筋膜をトレーニングすることは運動機能を最高の状態にするために必要である。
- 動作を学習し，知覚し，記憶する能力は，固有感覚システムの機能に負うところが大きいが，この機能の大部分が適切にトレーニングし維持された筋膜系に依存している。
- 筋膜は特定のトレーニングや治療に対して即座に反応し，その効果を蓄積して長期的な変化を生じる。

～筋膜の機能解剖～

　第5章で筋膜可動性評価（fascia mobility assessment：FMA）の方法を説明するが，その準備として筋膜の機能解剖について述べる。この内容は痛み，違和感，運動の問題がある部位を特定して理解するのに役立つだろう。600種類以上もある筋の機能を説明する代わりに，

機能的につながっている運動連鎖やネットについて説明する。また，脳や神経系は各筋を別々に働かせるのではなく，全体的な動作パターンとして働かせることについても説明する。

私たちが用いている用語や解剖学的資料の根拠となっている機能的運動連鎖は，全身の筋膜連鎖のつながりを描いた『アナトミートレイン（Anatomy Trains®）』（Myers 2014）に基づいている。ここで，アナトミートレインの開発者であるマイヤースに感謝と敬意を表してから，アスリートにおけるアナトミートレインの機能的な解釈を「**筋膜可動性ネット**（fascia mobility nets）」と呼ぶことにする。

筋膜可動性ネットとは

筋膜可動性ネットは，体に生じている問題を簡単に評価し，特定し，解消するための，解剖についての視覚教材である。個々のネットは，常に上下，側方，斜め，らせんの方向，深層から表層まで，広がりや重なりのあるものとして視覚化するとよい（Myers 2014）。ネットは，1つが単独で機能することはなく，スポーツや日常生活での機能に応じて程度に差はあるが，すべてのネットが同時に活動する。過去にストレッチングを行っても効果を感じられなかったことがあるなら，実際にストレッチする必要がある部位ではなく，必要だと感じた部位をストレッチしていたことが考えられる。

例を挙げてみよう。ハムストリングスのストレッチングを行ったが効果がなく，硬いままだとする。このような例は，症状（つまり，ストレッチングが必要だと感じた部位）に対処してしまい，原因（股関節の硬さ，ハムストリングス以外の股関節周囲筋の硬さ）に対処していない場合によくみられる。別の例として，肩に対するストレッチングの効果がなく，安定性や可動性が必要となる活動（水泳，投球，総合格闘技など）で痛みや筋力低下を感じる場合を考えてみよう。これは肩関節が緩く，パワーが必要となる動作でしっかりと安定させることができない人によくみられる。このような場合，症状がある部位の上下や反対側などの隣接する領域に動きの制限があるかもしれない。このような制限があると，ネット全体が機能できるように，代償としてより多く動かなければならない領域が出てくる。この状態が続くと，ストレスが蓄積する慢性的なサイクルができあがり，関連するネットに沿って動きが少なくなる領域（可動性低下）と，同じネットの近い部位に動きが大きくなる領域（過可動性）が生じてくる。

解決策としては，適切に動いていない領域を正確に評価し，必要な部分に対してだけストレッチングを行うことである。その領域は局所的（つまり1つのネット，あるいは2〜3のネットのつながり）かもしれないし，全体的（つまり大部分，あるいはすべてのネット）かもしれない。ストレッチングを行った後，問題が完全に解決したか確認するために，再評価を行う。最後に，正しい動作の再トレーニングを行って終了する。このようなアプローチを行えば，解決策が早く見つかるだけでなく，問題が完全に解決することも多い。

既に述べたことであるが，スポーツでも日常生活でも，常にすべての筋膜ネットが関与する必要がある。つまり，すべての筋膜は伸張，短縮，安定化できなければならない。筋膜は，オリンピックリフトやスプリントのように急激なパワーが求められる動作や，水泳，サイク

リング，ランニングのようなスポーツでは姿勢筋の持続的な活動に適応する必要がある．伸張，短縮，安定化は，複数の筋膜可動性ネットで同時に起こる可能性がある．

5つの筋膜可動性ネット

　アスリートが筋膜の機能解剖を理解し，自分で評価や治療を行い，障害を予防するために注意が必要な部位を特定するためにも，筋膜可動性ネットについて理解することは役立つだろう．筋膜可動性ネットを学習し視覚化しやすくするために，立位における同一平面上で縦に伸びる筋と筋膜が接続する領域ごとに筋膜可動性ネットを分類する．腰背部のように1つの層のネットと，前面のように2つの層のネットで構成されているところがある．2層のネットは，スーパーフィシャル・ネットという皮膚に近い浅い層の筋筋膜と，ディープ・ネットという骨格に近い深い層の筋筋膜に分かれる．

　以下の項では，各ネットについて詳しく述べ，重要な筋と関連する筋膜のつながりを図に示す．図には各ネットと関連するすべての筋筋膜の位置が記載してある．

　各ネットによくみられる問題についても述べるが，評価方法と解決策の詳細については第5章で述べる．この方法によって，効率的かつ効果的にパフォーマンスやトレーニングの課題に対処することができる．

フロントネット（Front Net）

　フロントネットは大部分が同一平面上でつながっている筋と筋膜によって構成されている．皮膚に近い筋筋膜で構成される**スーパーフィシャル・フロントネット**（superficial front net）と，骨格に近い筋筋膜で構成される**ディープ・フロントネット**（deep front net）がある．

　普段はデスクワークをしていて，週に何度か仕事の前後にトレーニングするようなアスリートの場合（トライアスロン選手などに多い），頸部，肩関節，胸部，股関節，膝関節，足関節などに動きの制限が生じやすい．

　体の前面は，重力線上に広がる筋筋膜の曲がる部位（関節）で短縮，緊張，固定してしまう傾向があり，このような部位に腱炎・腱障害が生じやすい．代償として体の後面が引き伸ばされて弱くなりやすい．その結果，コアや脊柱などの部位のバランスが悪くなり，不安定になる．スーパーフィシャル・ネットは**セルフ筋膜リリース**（self-myofascial release）を行いやすい．これを行うことで，表層にある筋筋膜の長さ–張力の関係を調整することができる．筋膜リリースとは，正常な**機能的可動性**を回復するために，制限のある組織に対して意図した方向へ徒手的な操作を行う様々なマニュアルセラピー（徒手療法）を指す．セルフ筋膜リリースとは，器具を用いて筋膜リリースを自分で行うことであり，動作に悪影響を及ぼす多くの制限を改善する効果がある．

　深層にあるネット，中でも特に肩関節（関節包，小胸筋など）や股関節（関節包，腸骨筋，腰筋など）の制限にアプローチするのは難しく，最も深層にある脊椎の椎間板のような組織は損傷しやすい．このような領域に対しても，セルフ筋膜リリースが有効な場合はあるが，主にストレッチングが可動性や機能を回復させる役割を担う．

ストレッチ・トゥ・ウィン

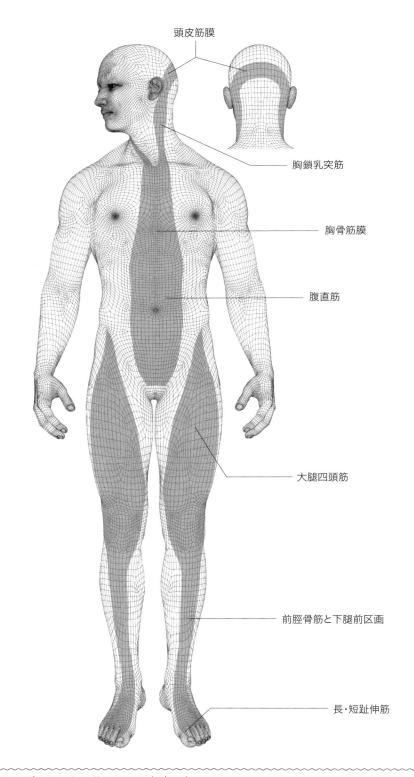

図 2.2 スーパーフィシャル・フロントネット

第 2 章　柔軟性の解剖学と生理学

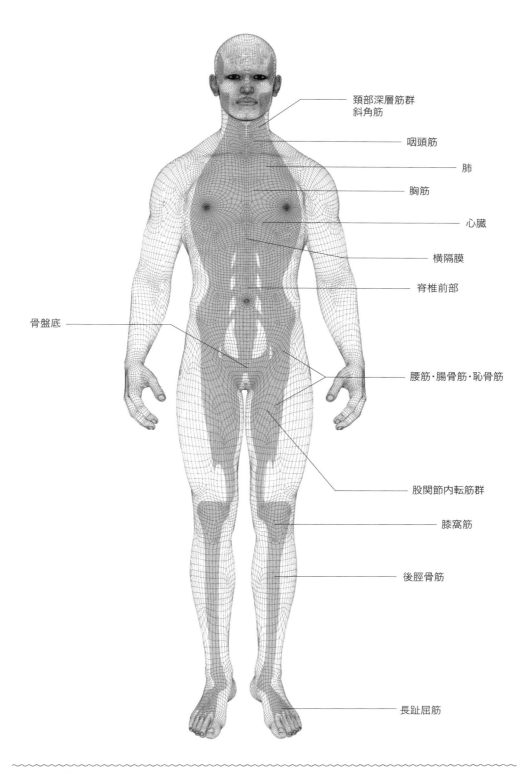

図 2.3　ディープ・フロントネット

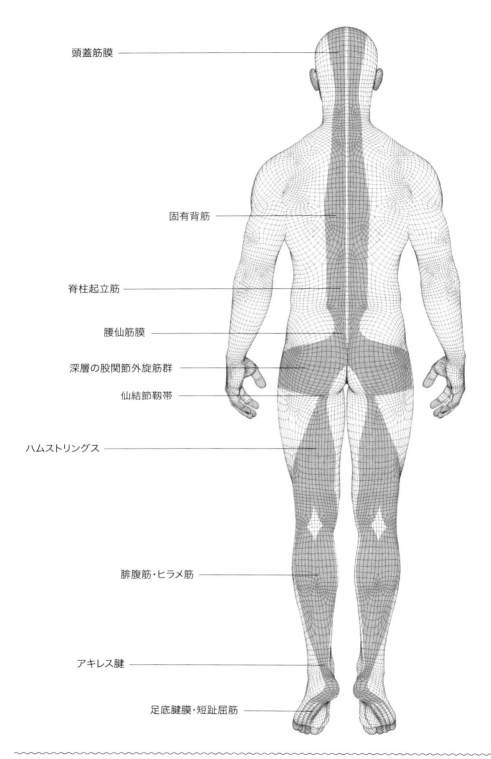

図 2.4 バックネット

第 2 章　柔軟性の解剖学と生理学

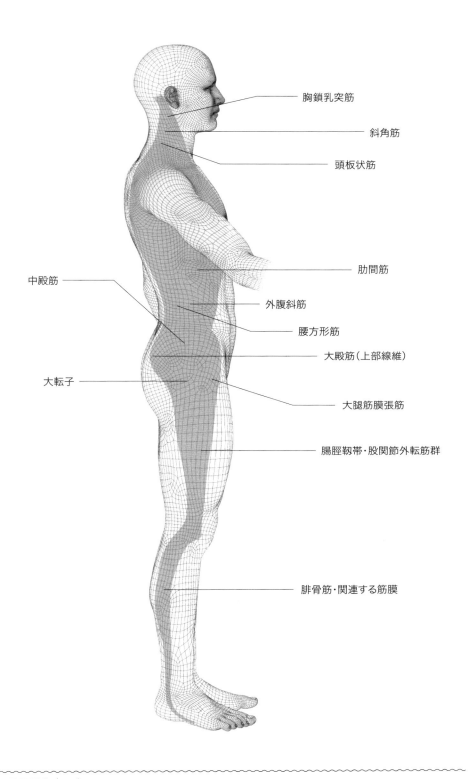

図 2.5　ラテラルネット

長時間座ることがないアスリートであれば，スーパーフィシャル・フロントネットにデスクワークの人のような問題はあまり起こらないだろう。しかし，オーバートレーニングによって前面のネットに同様の制限が生じたり，ディープ・フロントネットに強い制限が認められることが多い。例として，私たちのクライアントであるプロのアメリカンフットボール選手で，アスレティックポジションから爆発的なパワー動作を行う肩や股関節のディープ・フロントネットが制限され，その状態が固定してしまったことが挙げられる。図 2.2 と図 2.3 にフロントネットを示す。

バックネット（Back Net）

バックネットは，主に同一平面の浅層でつながっている筋と筋膜によって構成されている。バックネットは脊柱に隣接する深層にもつながっているが，セルフアセスメントと治療の実用性の観点から，本書ではこの領域は考慮しないことにする。

走ることが主となるアスリートは，脊柱を伸展した機能的姿勢で運動を反復するために，後面のネットが硬くなり，短縮する傾向がある。一方，自転車競技のアスリートは反対の問題が生じやすいので，後面のネットを強化し，前面のネットをストレッチしてバランスをとる必要がある。図 2.4 にバックネットを示す。

ラテラルネット（Lateral Net）

ラテラルネットは，主に体の側面の同一平面・層でつながっている筋と筋膜によって構成されている。左右のバランスが悪いアスリートは，全体的に硬すぎたり柔らかすぎたりするアスリートよりも障害を起こしやすい。このようなことから，シーズン前のトレーニングを開始する前に，問題のある左右のバランス不良を特定することが重要である。ラテラルネットによくみられるバランス不良で運動パフォーマンスに悪影響を及ぼすものには，脚長差，片足が反対側と比べて回内あるいは回外していること，片側の肩甲帯が反対側よりも下制していること，片側の股関節位置が反対側よりも高いこと，頭部が傾斜していることなどがある。このバランス不良によって，片側の股関節痛，腸脛靱帯炎，膝外側痛，足部や足関節の外側部痛など，様々な症状が生じる可能性がある。図 2.5 にラテラルネットを示す。

パワーネット（Power Net）

パワーネットは，相互依存関係にある表層の5つのネットで構成されている。それはフロント・パワーネット，バック・パワーネット，体の側面にある2つのラテラル・パワーネット，姿勢とパワーに関係するディープ・パワーネットである。ミクロレベルでは，**コラーゲン**も筋膜の一部であり，スプリング様の特性を筋膜に与えている（ジャンプは下腿三頭筋よりもアキレス腱のコイルによって行われる）。マクロレベルでは，筋膜ネットもらせん状の大きなコイルとして，即座にパワーを生み出し，瞬間的なスピード，アジリティ，方向転換を助けている。パワーネットは，このように日常生活やスポーツにおける機能的動作の安定性と可動性を担っている。パワーネットの中心のバランスがとれていることは，他のネット

第 2 章 柔軟性の解剖学と生理学

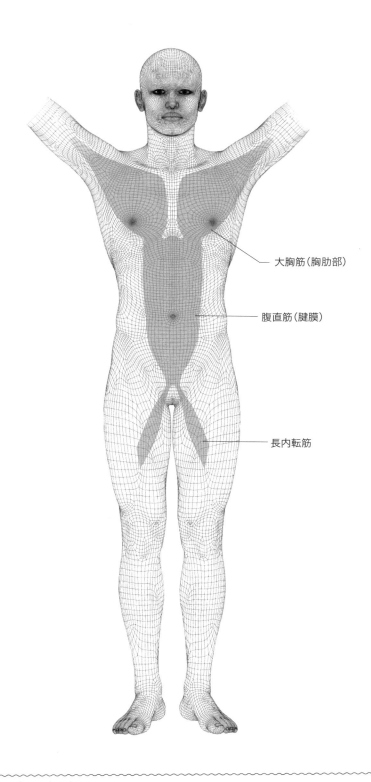

図 2.6 フロント・パワーネット

27

ストレッチ・トゥ・ウィン

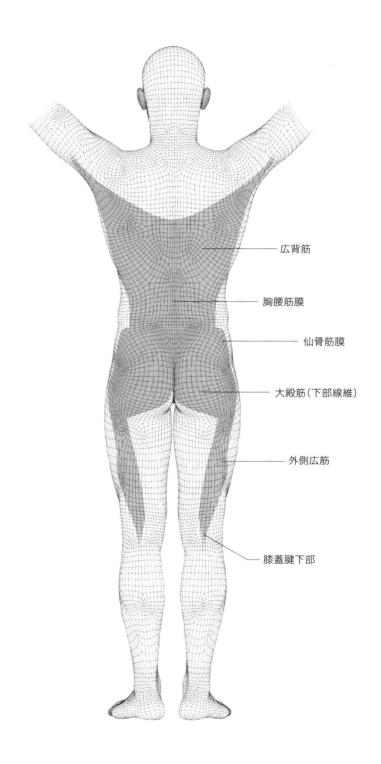

図 2.7 バック・パワーネット

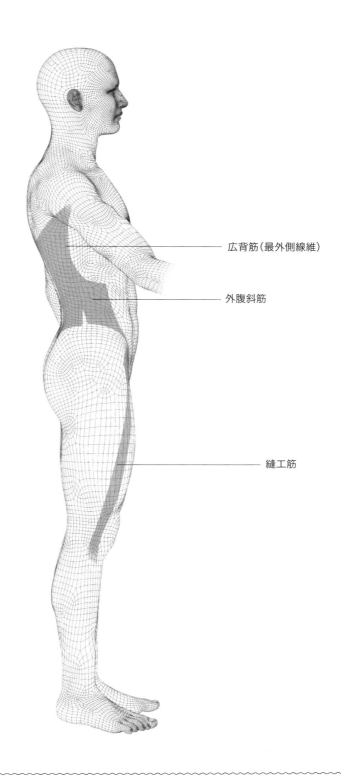

図 2.8 ラテラル・パワーネット

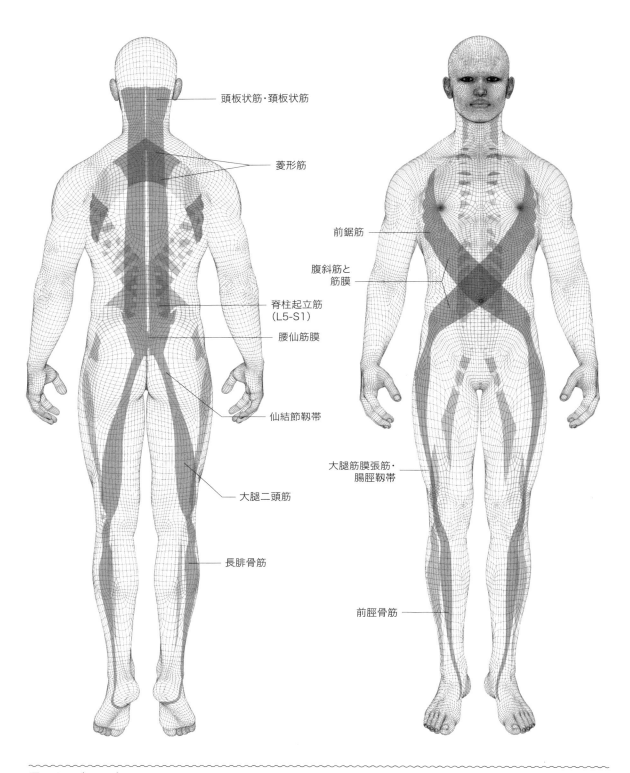

図 2.9 ディープ・パワーネット

が適切に機能するために必要である。

　他のネットが静的姿勢維持に関与するのに対して，パワーネットはスポーツタイプの動作に関与することが多いため，パワーネットの問題は動作に関連している。私たちがパワーネットについて注意していることは，体の対角線上で腕と脚の対側運動をらせん状に行うランニング，投球，捕球，キックのような動作である。しかし，スポーツ動作はパワーが基礎となる予測不可能なものが多いので，強い力に対して柔軟性や適応性のある身体組織によって対処しなければならない。柔軟性や適応性は筋力，可動性，安定性などに欠かすことのできない特性である。柔軟性が欠如していると，以下のような病態のリスクが高まる。

- スポーツヘルニア
- 筋損傷
- 鼠径部損傷
- 靱帯損傷
- 腹筋損傷
- 慢性腱鞘炎
- 腰痛，股関節痛，膝関節痛
- 脊椎椎間板ヘルニア

　スーパーフィシャル・パワーネットを図 2.6，図 2.7，図 2.8 に示す。
　ディープ・パワーネット（図 2.9）は，らせん状に配列された筋と筋膜で構成されている。私たちの考えでは，ディープ・パワーネットは他のパワーネットとともに，スポーツにおいて優れた可動性を発揮するために必要な基盤の安定化に主に働いていると思われる。
　オーバートレーニングや，柔軟性を適切に維持できないことから，安定化機能のバランスが崩れると，以下のような病態が生じやすい。

- スポーツ動作における姿勢のアライメント不良
- 腰椎，骨盤，股関節のバランス不良
- 胸郭のバランス不良
- シンスプリント
- 脚のアライメント不良
- コンパートメント症候群
- 大腿筋膜張筋−腸脛靱帯の慢性的な硬さ
- 足関節や足部の回内・回外の問題
- コアの筋力と可動性のバランス不良
- 足関節の可動性の問題
- 足関節捻挫

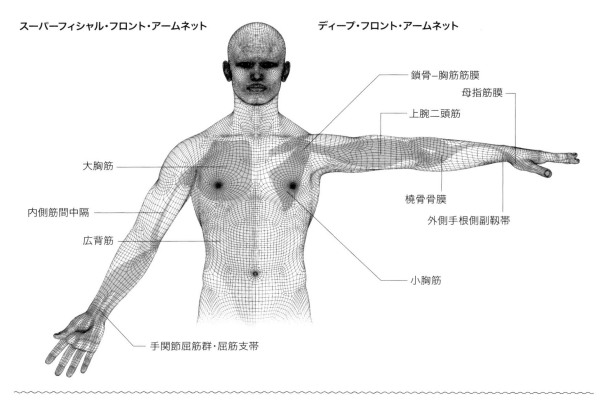

図 2.10 スーパーフィシャル・フロント・アームネットとディープ・フロント・アームネット

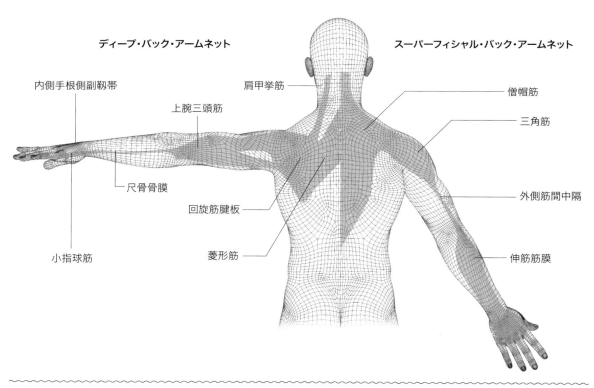

図 2.11 スーパーフィシャル・バック・アームネットとディープ・バック・アームネット

アームネット

　機能的動作を支えているのはコアや**近位**の安定性であり，これがなければ最適な可動性は得られない。このことを念頭に置きながら，アームネットは常にパワーネットに関連づけて考える必要がある。パワーネットとアームネットは相互につながり，強力なスポーツ動作を生み出す大きな力を伝達・受容している。したがって，アスリートがボールを捕球する，バットやゴルフクラブを振る，水泳で水をかくなど，腕を伸ばす動作をうまく行うためには，近位のパワーネットから遠位のアームネットに力を伝達しなければならない。パワーネットの柔軟性が低下した場合，腕が代償することによって，以下のようなスポーツによくみられる病態が生じるリスクが高まる。

- 回旋筋腱板の炎症・損傷
- 肘関節の腱炎
- 肩関節の脱臼
- 関節の退行変性・変形性関節症の早期発症
- 上腕二頭筋腱亜脱臼
- 前腕のコンパートメント症候群
- オーバーユース症候群

　腕の評価や柔軟性プログラムを計画する場合には，プログラムデザインにアームネットだけでなくパワーネットも含めるべきである。図2.10，図2.11にアームネットを示す。

筋膜可動性ブロック

　筋膜可動性ネットがブロックされたり制限されると，動作に悪影響が生じ，可動性が低下したり消失したりする可能性がある。つまりパワー，筋力，持久力，あるいはスピード，アジリティ，クイックネスが低下する。筋膜可動性ブロック（fascia mobility blocks）があると，痛みや傷（目に見える傷がなくても）を感じるだろう。このような感覚は脱水，睡眠不足，栄養やホルモンのバランスの乱れなどが原因となっている可能性がある。しかし，障害された組織に対して単にストレッチングを行うだけ，あるいはセルフ筋膜リリースと組み合わせて行うだけで改善することも多い。FMA（第5章で説明するセルフアセスメント）によって問題の解決方法がわかれば，大部分の問題に対して自分で対処することができるだろう。筋膜可動性ネットに沿って認められることが多い3つのブロックとして，癒着，肥厚，トリガーポイントがある。

癒　着

　体内の組織がくっついて固まることを**癒着**といい，関節，筋，筋膜，神経，臓器などに生じることがある。癒着が軽度の状態であれば，正しいストレッチ動作，セルフ筋膜リリース，あるいはこの2つの組み合わせによって，容易に改善することができる。誰にでもわかり

やすい例として，長時間の睡眠後に体を動かすとパキッと音がすることがある。軽度から中程度の癒着は，運動不足やオーバートレーニング，水分不足，軽度の外傷・障害などが原因となる。

他の例として，外傷や手術，遺伝子構造などによる長年にわたる瘢痕組織のような硬くて動かない難治性のものがある。このようなものでも，本書のアプローチが役立つことがある。

肥　厚

不動に，コアの筋力低下を含む複雑な要因が組み合わさることで，筋膜の肥厚が生じることがある（たとえば，慢性腰痛患者の超音波検査では，腰部筋膜の肥厚が認められることがある）。オーバートレーニングや，筋力と可動性のバランス不良の問題によって，ストレスが加わる領域の強度や安定性を高めるために，身体組織が自動的に肥厚することもある。

トリガーポイント

トリガーポイント（trigger points）については，その存在や筋筋膜痛の原因になるかなど，専門家の間でも議論が続いている。トリガーポイントとは，筋（他の組織も含む）が非常に過敏になっている領域で，運動時や安静時に圧迫されたり刺激されることで痛みが遠位に広がる。従来の静的ストレッチングを行うとトリガーポイントが悪化するといわれているが，本書の方法を用いればトリガーポイントを解消できる可能性がある。筋膜ストレッチングを行った後にトリガーポイントが残存している場合には，セルフ筋膜リリース（第5章参照）を組み合わせることでトリガーポイントを取り除くことができる可能性がある。

私たちの経験からすると，3つの筋膜可動性ブロック（癒着，肥厚，トリガーポイント）は，本書の内容に，優れたストレングス＆コンディショニングプログラムを組み合わせれば，すべてではないとしても大部分を取り除くことができる。ほとんどの場合，スポーツやフィットネスにおける動作がより効率的なものになるだろう。このようなアプローチを行っても筋膜可動性ブロックを除去することができなければ，専門家の治療を受ける必要がある。

～～～～～～

柔軟性とは，あらゆるストレスに適応し，また同様のストレスや新たなストレスに繰り返し適応するのに十分な時間で完全に回復する能力のことである。本書のプログラムを使い，選手1人ひとりの身体・目標に合う評価とメンテナンスのプログラムを行うことによって，スポーツで直面する課題に適応できる筋膜の柔軟性を維持することが可能となる。次章では，コアの可動性，可動性低下・過可動性，不安定性について，さらに**筋膜の可動性**がスポーツパフォーマンスに必要なパワーや筋力，アジリティ，クイックネスに対してどのような影響を及ぼすかについて述べる。

3.
柔軟性トレーニング

　スポーツ外傷・障害の多くは，筋や骨ではなく，**結合組織**（関節包や靱帯，腱，筋膜構造）に生じることが，研究で示されている（Schleip 2015a, 2015b）。筋膜を対象としたトレーニングは，外傷・障害の予防だけでなく，選手寿命の延長，障害や加齢で断念することが多いフィットネス活動の継続に貢献する。これまではアスリートの筋力や心肺機能，神経筋の能力に焦点が当てられてきたが，これからは可動性トレーニングとともに筋膜のトレーニングをそれらに加えるべきである。本書の第1版で示した根拠に基づいて，この第2版では，私たちが考案した筋膜可動性トレーニングのコンセプトと実践方法について詳しく述べる。

〜 筋膜のトレーニング 〜

　筋膜のトレーニングは，従来のトレーニング方法とは全く異なるものである。以下に筋膜のトレーニングのテクニックの例を挙げる（Schleip et al 2012; Schleip and Müller 2012; Schleip 2015a, 2015b）。

- 弾性反動を改善する運動
- ジャンプ動作で，可能な限り静かに柔らかく着地する。
- コントロールされた連続ジャンプを様々な間隔で行う。
- リズミカルな波状の動作を重視する。
- あらゆる運動における知覚や固有感覚の改善（皮膚へのテーピングやタッピング，ブラッシング，ローリングのような体の外部からのテクニックや呼吸に合わせた運動のような

内部からのテクニック）
- 動作前に行う反対方向への予備動作（ジャンプの前の深いスクワットやバットを振る前の反対方向への回旋など）
- 筋膜ストレッチング

　筋膜トレーニングは，心臓血管系トレーニング，神経筋トレーニング，筋肥大を目的としたトレーニングなど，他の効果的なトレーニング要素に取って代わるものではないが，これまで見過ごされてきたトレーニングに加えるべき不可欠な要素である。

　筋膜可動性トレーニングは，アスレティックトレーニング，フィットネストレーニングにおいて素早く効果的に結果を得ることができる実用的な方法である。本書では筋膜可動性トレーニングの最も重要な要素のいくつかに焦点を当てる。それは**弾性反動**（elastic recoil）**とリズミカルな波状運動**（undulating and rhythmic movement），**筋膜ストレッチング**である。

弾性反動

　「筋膜に関する新しい科学的事実が次々と明らかになる中，運動やスポーツの愛好家を最も触発するのは，腱・腱膜と同じように筋膜も運動エネルギーを蓄え，放出する能力を持っているということである（Schleip 2015b, 96）」。加齢や外傷，オーバートレーニング，適切な準備やリカバリーのないトレーニングによって，筋膜の潜在的な運動エネルギーが著しく損なわれる可能性があることを，研究結果は支持している。筋膜には，関節可動域や筋力，弾性を減少させるコラーゲン架橋の形成増加などの負の変化が生じることが明らかになっている。つまり，可動性を減少させる組織の癒着が増加し，組織の滑走性が低下する。それによって組織の損傷やその他の外傷のリスクが増加する可能性がある。筋膜可動性トレーニングでは，筋膜の弾性反動を刺激し維持するようにデザインされた運動も行う。

　筋膜には弾性と粘弾性両方の性質があり，その動態は複雑で本書の領域を超えている。そこで，その中から本書の目的に合ったカタパルトメカニズム（catapult mechanism）という弾性反動の特徴を，スポーツに応用するために説明する。カタパルト（スプリングを用いた射出装置，投石機），あるいはゴムの伸縮を利用したパチンコのように，筋膜には伸縮する弾性反動特性がある。筋膜は，この過程でエネルギーを蓄え，運動中に筋と連動して放出する。カタパルトのように，筋膜にもスプリング様の構造がある。

　筋膜にあるクリンプと呼ばれるらせん状の起伏は，その形状も機能も小さなスプリングのようである。実際，若く健康な人のコラーゲン（結合組織の中で水分の次に多い）にある極小スプリングには，デスクワークの人や高齢者に比べてより多くのらせん構造が含まれている（Schleip 2015a; Schleip 2015b）。それらは波状に配列されているが，長時間の座位や外傷後の固定によって癒着し，もつれ，平坦になる。脱水や栄養不足，睡眠不足も筋膜の弾性を減少させる。その結果，らせん構造が減少し，たとえばアキレス腱断裂のような外傷が生じやすくなる。筋膜組織に適切な負荷を与えれば，ランニングやジャンプ，バウンドを伴

う運動に必要な弾性が得られる（Schleip 2015a）。筋膜可動性トレーニングでは，弾性反動の原理を組み入れたダイナミックな動作を行い，活動前に弾性を活性化させる。

リズミカルな波状運動

　加齢や一定期間の不動によって，筋膜のスプリングのらせん構造の巻き数が減少する。弾性反動（あらゆるスポーツ動作，特にランニングやジャンプに必要不可欠である）が低下したり完全に失われたりするために，課題を楽にこなしたり，スムーズに動いたりする能力が失われる。若さの特徴である流れるようなスムーズな動きは，体のケアをせずに活動し続けることで硬く制限され，より多くのエネルギーと努力が必要となる。たとえば，パフォーマンスが次第に低下しているにもかかわらず引退を拒んでいるベテランのプロアスリートなどでは，このような能力の低下がみられる。幸いなことに，早期に対処すればこの能力は回復することが多い。

　筋膜は，体のどの部位にあるか，柔軟性維持のためにどのような力に適応すべきかによって，組織の配列のパターンが異なる。ストレスが常に直線的に加わっている場合には，コラーゲン線維も常に負荷に平行になる。これを**密性規則性結合組織**といい，腱や靱帯，腱膜（胸腰筋膜，腹直筋腱鞘，大腿筋膜，四肢の深筋膜）にみられる。ストレスが多方向に加わると，筋膜は繊維を編んだような構造を形成する。これは**密性不規則性結合組織**といい，関節包，筋膜，神経内や筋内の結合組織にみられる（Schleip et al 2012）。

　筋膜は脳や神経系と連動しており，運動を通じてすべてのシステムの生理機能を補助している。静止時は内部から運動が生じ（食後の消化管の蠕動運動など），タックルされたり，押されたり，引っ張られたりした時には外部から運動が起こる。筋膜系は，すべてのシステムがともに最も適切に機能できるように働いている。身体動作にバランス不良，機能不全，弱化，協調性の低下がある場合には，筋膜可動性トレーニングの特徴であるリズミカルな波状運動が正常な機能を回復する助けになるだろう。私たちはこれを**ストレッチウェーブ**（Stretch Wave）と呼んでおり，本章の後半で説明する。

筋膜ストレッチング

　ストレッチングの効果について悪い評判があるが，これは**スタティック（静的）ストレッチング**にだけ注目した研究で否定的な結果がいくつか報告されたためである。スタティックストレッチングは，各筋を分離し，ストレッチングの肢位（ポジション）を長時間保持することを重視した従来のストレッチングである。この種のストレッチングに関して否定的な結果が出ている研究では，どれもトレーニングにスタティックストレッチングを加えないように推奨している。

　一方，筋膜のストレッチングは，Schleip（2015a）の定義によると，筋筋膜連鎖に対して様々なテンポの自動運動による負荷を加えるダイナミックストレッチングに分類される。スタティックストレッチングは，ストレッチングのほんの一部に過ぎない。ストレッチングの強度や持続時間，頻度は，個別の目標に基づいて，プログラムの期間や内容によって変え

> **トレーナー・ヒント**
>
> **水分と柔軟性**
>
> 　水分は人体において最も重要で必要不可欠な要素であり，すべての組織に潤いを与え，酸素の原料を供給する。アスリートが水分補給についての教育を受けることはきわめて重要である。水分は血液や関節（滑液），神経系（脳脊髄液，軸索内流動物質）の主要な構成要素である。人体で最大の組織である筋膜は，その2/3が水分である（Schleip 2015a）。
>
> 　最も著名な筋膜研究者の1人であるDr. Schleipは，「水分で満たされた筋膜の可塑性と弾性の変化は，ゆっくりと行うダイナミックストレッチングにおいて特に顕著であることが証明されている」と述べている（Schleip 2015a, 3）。また，筋膜エクササイズの最も重要な原則の1つは，「筋膜組織に自由水と結合水が取り込まれている」ことを理解することであると解説している。彼はストレッチングの間，スポンジから水が絞り出されるように，伸張された部位から水分が押し出されることを，自らの実験で発見した。伸張を緩めると，その部位は周囲の組織，リンパ節，その他の血管網からの新たな液体で満たされる。このように筋膜はスポンジのように作用するので，正しいストレッチングは老廃物を排泄し栄養に富む液体を流入させて組織を回復・新生させる。これは人体のきわめて重要な生理学的メカニズムである。
>
> 　他の研究では，外傷・障害や慢性的な炎症，筋膜の制限，脱水などが原因でストレスが増加した部位の老廃物を含んだ滞った水（バルク水）が，新鮮な水（結合水）の流入によって置き換わることが示されている（Pollack 2013）。このような理由から，筋膜ストレッチングは老廃物を排泄して新鮮な酸素と水を補給する補助となり，トレーニングからの回復を促進する。また，摩擦ストレスなどの組織を損傷させる力に影響を受けている部位の滑走性を促す。筋膜は，筋組織の構造や機能を物理的にサポートするために，つまり体の内部からの力（能動的な筋収縮や筋の伸張など）や外力（衝突や転倒など）を伝達・吸収するために，適切な潤滑状態を保たなければならない。

ることができる。これについては本章の後半で説明する。

　筋膜ストレッチングは，局所的な個々の筋ではなく全体的な組織を対象とするので，中枢神経系や末梢神経系にも直接働きかけることができる。筋や腱，靱帯，関節包などの筋膜組織とともに，脊髄や末梢神経などの組織も，運動を制限し，適切な筋活動を妨げる可能性がある。神経系の制限によって筋力やスピード，協調性，バランスなどが低下し，回復が妨げられる。私たちが知りうる限りでは，これまでストレッチング関連の書籍では，この点について議論されてこなかった。筋膜の自由神経終末の広範なネットワークは，疼痛認知の補助（侵害受容器など）として働くだけでなく，人体最大の知覚-固有受容性メカニズムとしての機能を持つことが，最新の研究により示されている。したがって，筋膜ストレッチングは，用いるテクニックによって自律神経系（交感神経-副交感神経）を刺激したり抑制したりすることができる。つまり，筋収縮の活性・抑制の制御，感覚の大幅な改善や維持，あらゆる運動の制御などができるのである。神経系全体がすべての機能の基礎として適切に働く時，その他のあらゆるトレーニングはより容易かつ迅速に，そして効果的に進められる。筋膜ス

トレッチングは体全体に影響を及ぼすため，私たちは神経筋筋膜（neuromyofascial）ストレッチングと呼ぶこともある。

〜ストレッチングに関する研究〜

ストレッチングの研究結果の多くで筋力やパワー出力の低下がみられたことから，多くの筋膜研究者やセラピスト，トレーナーは，どのようなストレッチングも推奨しなくなっている（Alter 2004）。このような研究結果によって，健康やフィットネスにかかわる団体，学術誌なども，ストレッチングを否定する流行に便乗している。ほとんどの人が気づいていないことは，それらの研究の大部分で検討しているのがスタティックストレッチングだけであるにもかかわらず，そのことが明記されておらず，ストレッチング全般の結果とされていることである。その結果，フィットネスやスポーツにおけるストレッチングの必要性について混乱が生じている。しかし，否定的な研究があるにもかかわらず，多くの人が回復の促進や痛みの軽減，可動性や筋力，スピードの改善などの効果を経験しているために，ストレッチングを継続している。65歳以上を対象とした研究でスタティックストレッチング後に機能の改善が認められたように，対象者や対象となるグループに合わせたストレッチングは効果的であることが示されている（Page 2012）。

ストレッチングには非常に多くの可能性があるが，ほとんど科学的に研究されて来なかった。ストレッチングのあらゆる可能性に関する研究はまだ初期段階にあり，私たちは現在，アリゾナ大学医学部において，科学者や臨床家とチームを組んで研究に取り組んでいる。

このように，フィットネスやスポーツの領域において「ストレッチング」という言葉は，筋長や関節可動域の改善のために行う静的・持続的ストレッチングだけを指していた。そこで私たちは，以下のように定義を拡大する。

運動を制限するバリアに達する力で組織を動かすことをストレッチングとする。大部分の可動性エクササイズは，実際には，可動性を改善し，回復し，修正する，ダイナミックストレッチング（運動に基づくストレッチング）である。

〜ストレッチングの有益性〜

現在では，ストレッチングの有益性に関する肯定的な研究結果が報告されている。最新のシステマティックレビューでは，ストレッチングの肯定的な結果が以下のように示されている（Page 2012）。

- ストレッチングにより関節可動域が増大する。
- 片側のストレッチングによって左右両側の関節可動域が増大する。

- 静的ウォームアップと動的ウォームアップによる関節可動域の増大効果は同程度である。
- 収縮後のストレッチング（PNF）は筋の興奮性を低下させる。
- 収縮後のストレッチングは，スタティックストレッチングと比べて急激に関節可動域を増大させる。
- スタティックストレッチングと異なり，ダイナミックストレッチングでは筋力やパフォーマンスが低下することはない。
- ダイナミックストレッチングは，機器で測定したパワーだけでなく，ジャンプやランニングのパフォーマンスも改善する。
- スタティックストレッチングをウォームアップの前後に行っても筋力は低下しない。

また，長年ストレッチを指導した経験から，以下の効果があることを発見した。

- 機能改善をもたらす全体的および特定の関節可動域や可動性の著しい増加
- 精神的，情緒的な集中力の向上
- 幸福感や自信の改善
- 水分吸収や老廃物排泄の促進
- 睡眠の改善
- 痛みの緩和

〜ストレッチングのパラメータ〜

目的に最も適したストレッチングの種類を決める前に，ストレッチングの効果を左右するパラメータについて理解することが重要である。セルフストレッチングは目的によって自動的，他動的，もしくは抵抗を利用して実施し，また強度や持続時間，頻度，テンポを変えて行う。

強　度

どれほどの強さで伸張されているかという感覚が強度の主観的評価になり，特に何も感じない状態（ごく軽度の伸張）から強い痛みを感じる状態（最大限の伸張）までの範囲で判断する。私たちのプログラムでは，ストレッチングの強度は呼吸によってコントロールし，すべて痛みを出さない範囲で行うことを推奨している。ストレッチング中に呼吸が止まる（呼吸を止めたくなる），痛みや非常に強い伸張感がある，あるいは筋が硬く動かなくなるような感覚があれば，そのストレッチングは強すぎる。ストレッチしながら気持ちよく（あくびもできるくらい）十分に深く呼吸できることが，適切な強度で伸張しているサインである。このような状態であれば，伸張している部位がリリースされるような感覚が得られ，さらに動かしたり伸張したりすることが楽にできるようになる。

> **セルフストレッチング対アシステッドストレッチング**
>
> 　本書の内容は自動運動，他動運動，補助や抵抗を利用して自分で行うセルフストレッチングが中心となっている。以下に，これらのセルフストレッチングの基本的な方法を説明する。
>
> - **アクティブストレッチング**は，全体的な可動性や特定の関節可動域の制限に対して，自動運動により伸張する方法である。たとえば，関節や軟部組織が硬くてスクワットが制限されている場合に，スクワット動作を行うことで伸張することである。
> - **パッシブストレッチング**は，筋を収縮させずに目的の部位を伸張するストレッチングである。たとえば，立位で，片脚を安定した椅子やベンチに乗せる。腰を曲げ，足に向かって手を伸ばす。リラックスして脚の筋群が自動的に収縮していなければ，脚は他動的に伸張される。
> - **セルフアシステッドストレッチング**は，四肢を伸張するのにロープやストラップを用いる方法である。
> - **セルフレジステッドストレッチング**は，筋を収縮させながら，他動的にまたは自分の補助によって伸張する方法である。
>
> 　セルフストレッチングだけで柔軟性やフィットネス，健康を維持できる人もいる。しかし，評価やアシステッドストレッチングを受けた方が有効な場合や，それが必要な場合もある。最も良いのは筋膜ストレッチングのトレーニングを受けて認定された資格者に協力してもらうことである。以下に，認定資格を持った専門家に頼るべき状況を挙げる。
>
> - 十分にリラックスできず，ストレッチングが必要な部位の力を抜くことができない。
> - ストレッチングの後に痛みが出る。
> - ストレッチングによって改善したことがない。
> - ストレッチングの後にパフォーマンスが低下したことがある。
> - 適切なストレッチングの方法がわからない。
> - ストレッチングをすることが怖い。
> - 自分に合ったストレッチングプログラムを知りたい。
> - 既にハイレベルのパフォーマンスをしているが，さらに改善したい。

持続時間

　ストレッチングの持続時間とは，伸張位を保持する時間（秒数）を指すことが多いが，テンポの項で秒数を基準にしたストレッチングの欠点について説明する。また，呼吸がストレッチングのリズムとテンポにどのように影響するかについても述べる。一定の間隔でゆっくりとリラックスした呼吸を維持すれば，自然と適切な持続時間となる。

> **トレーナー・ヒント**
>
> **関節可動域の種類**
>
> 　関節可動域は，一般的に骨の特定方向への運動によって示される関節が動く全範囲と考えられており，目測による推定値やゴニオメーターと呼ばれる器具で正確に測定した値で表わす。関節可動域には自動的関節可動域（active range of motion：AROM）と他動的関節可動域（passive range of motion：PROM）がある。
>
> 　自動的関節可動域は運動の制限域までアスリート自身が動かせる範囲で，他動的関節可動域はリラックスしたアスリートの体を他の人が制限域まで動かせる範囲である。一般的にタイトネス（筋の短縮）やスティフネス（関節や筋の硬さ），筋スパズム，関節の炎症，痛みなどによって運動が制限される。筋が非常に発達したアスリートでは，その筋の大きさによって関節可動域が制限されてしまう。たとえば，肩甲帯や上腕の周径の増大は，背中をかくような動作を制限するだろう。自動的関節可動域は収縮性組織の短縮による制限を受けるため，他動的関節可動域の方が自動的関節可動域よりも大きくなることがほとんどである。通常，タイトネスや筋肥大などの問題がなければ，収縮性組織は他動的関節可動域を制限しない。
>
> 　ストレッチングは，短縮しているまたは圧迫されている組織を伸張することによって関節可動域を増大させる。私たちが対象としている組織は筋膜であり，これらは自動的，他動的に伸張することができる。詳細については本章の後半で解説する。

頻　度

　ストレッチングの頻度とは，1回のセッション内，もしくは一定の期間内（1日あるいは1週間）に繰り返す回数のことを指す。ストレッチングの適切な頻度は，強度と持続時間のガイドラインにしたがって実施した後，どのくらい筋膜がリリースされたかによって変わってくる。これは，ストレッチングの後に，痛みや可動域制限が認められる，あるいはうまくできないと思われる肢位をとることや，動作を行うことによって評価することができる。このような肢位をとって確認すると，関節可動域の大幅な改善，または中程度の改善がみられることもあれば，全く改善していないこともある。わずかな改善しかなければ，より大きい関節可動域が得られるまで(または時間の許す限り)，一連のストレッチングを繰り返し行う。ストレッチングによって硬くなっていくような感じがする場合，それは体の反応に十分な注意を払っていないのかもしれない。つまり，ストレッチングの適切な強度や持続時間を超えてしまっている，もしくは脱水のような別の問題が生じている可能性がある。

テンポ

　テンポとは，ストレッチングの速度のことである。既に述べたように，目的に応じた様々なテンポのストレッチングがある。通常，最も遅いテンポで行うものはスタティックストレッチングであり，1つの筋あるいは複数の筋のグループに対して一定時間伸張する，従来から行われている方法である。最も速いテンポで行うものは**バリスティックストレッチング**であり，例として野球でバッターがボールを打つ前に行う素振りが挙げられる。テンポは，回復

プログラムよりもウォームアッププログラムで重要なので，本章後半ではこのトピックの詳細について解説する。

　ストレッチング中に適切な呼吸を行い，体の反応に対する気づき（アウェアネス）が高まれば，強度・持続時間・頻度のパラメータは自然に適切なレベルに調整されることがわかっている。所定のパラメータに合わせるよりも，呼吸やそれに対する体の反応を意識した方が効果的である。呼吸や体の反応を意識してストレッチすることで効果が持続し，1週間後でも，従来のストレッチングプログラムと比較してより早く，楽にストレッチングの効果が現れることがわかるだろう。

〜ストレッチングの種類〜

　柔軟性トレーニングとストレッチングのスペシャリストである私たちは，ストレッチ・トゥ・ウィン（Stretch to Win）筋膜ストレッチセラピー（FST）という，動作に基づくストレッチングプログラムを開発した。さらに，本書で紹介する筋膜可動性トレーニングも，私たちが考案した独自の動作パターンを用いたストレッチングである。筋膜ストレッチセラピーと筋膜可動性トレーニングは，従来のスタティックストレッチングを超える効果があるので，その違いについて明確にする必要がある。次項で従来のストレッチングと比較しその違いについて示す。

従来のストレッチング

　ストレッチングの分類や呼び名は様々であるが，一般的にはスタティック，ダイナミック，バリスティックの3種類に分けられる。スタティックストレッチングは静的または**他動的関節可動域**の増加，ダイナミックストレッチングは動的または**自動的関節可動域**の増加に最も適している。バリスティックストレッチングは，スイングやスローイング，ジャンプのような瞬間的に大きなパワーを用いる場面に必要な柔軟性の増加に最も適している。

　これらの用語の意味は専門分野によって変わることもあるが，スタティックストレッチングはアスリートが自分で行う，あるいは他の人に補助してもらう場合でも，ある一定の肢位を保持するストレッチングを指すことがほとんどである。この一定の肢位を保持するストレッチングが，アスリートの柔軟性向上の妨げになっていることを私たちは発見した。初めて会ったクライアントにスタティックストレッチングを行ってもらうと，リラックスせずに頑張って体を固めて肢位を保持していることが多い。また，アスリートはスタティックストレッチングを行っている時に呼吸を止める傾向があり，それによって体の緊張が増加してしまう。スタティックストレッチングの目的の1つは筋をリラックスさせることであるが，スタティックストレッチングを行っても柔軟性があまり向上しなかったクライアントが多かったことからも，全く逆の結果をもたらす可能性があることがわかる。ストレッチングの肢位を一定時間保持しても柔軟性が向上しなかったことは，研究でも示されている。「スタ

ティック」には「不動，動かない，変化しない」という意味があることから，私たちは「スタティックストレッチング」という言葉は使わずに，ストレッチングの静止中でもわずかな動きを許容するという意味で別の名称を使用している（次項で解説する）。

ダイナミックストレッチング（この用語は誤ってバリスティックストレッチングと同じ意味として使われることがある）は，肢位を保持せず，動作をコントロールしながら自動的・機能的関節可動域の全範囲にわたって関節と筋をストレッチする。優れたトレーニングプログラムでは，全体のウォームアップとしてダイナミックストレッチングが行われるが，棒高跳び選手の肩や体幹，鞍馬を行う体操選手の体幹や股関節のように，体の特定部位を対象とした個別のウォームアップにも利用できる。

全米ストレングス＆コンディショニング協会（National Strength and Conditioning Association：NSCA）によると，バリスティックストレッチングは最終肢位を保持せず，伸張中に反動を利用する特徴がある（Jeffreys 2008）。バリスティックストレッチングには，レッグスイングのようなダイナミックストレッチングをより強く大きく行う方法，あるいはバウンディングやデプスジャンプのようなプライオメトリックエクササイズなども含めることがあり，できる限り短時間で筋が最大限の力を発揮できるようにデザインされている。

アンジュレーティング（波状）ストレッチング

私たちが推奨するストレッチングでは，従来のストレッチングで用いられる3つの用語（スタティック，ダイナミック，バリスティック）は使わずに，「アンジュレーティング（undulating：波状）」という言葉を用いる。すべてのストレッチングは，非常にゆっくりとした波状の動きから速い波状の動きまで，自動的に，もしくは介助により他動的に実施される。

アンジュレーティングという言葉は，波のような上下運動を意味しており，私たちが効果的なストレッチングの方法を説明するのに用いる比喩表現である。浜辺にいる誰もが同じようなテンポで寄せては引く波を見たことがあるだろう。そのテンポは，風のない午後のようにゆっくりと穏やかな場合や，嵐の時のように速く激しい場合もある。この波の動きに似たスポーツの動作として，ジャンプ直前のスクワット動作で体を沈め，最長距離や最高点に向けて加速して体を上昇させ，再び体を沈めて着地することなどが考えられる。

波状の起伏を作り出す考え方は，ストレングストレーニングにおけるピリオダイゼーションにも用いられている。多くの研究者やトレーナーは，この非線形のトレーニングシステムが伝統的な線形のストレングストレーニングよりも優れていると主張している（Jeffreys 2008）。波のような動きをするものにはすべて特有の柔軟性があり，それは動的な生命システムの特徴である。呼吸数や心拍数，血圧などが一定でないのもそのためであり，生命システムは体の内外の刺激に反応するために常に変動しているのである。

人体には，波状の起伏のある動きの例が数多くあり，まず思い浮かぶのは呼吸である。呼吸による体の動きを各部位に分解してみると，胸郭や腹部，脊柱，仙骨，骨盤，脚，肩，腕，頭蓋骨，臓器において一連の協調的な運動が生じていることがわかる。呼吸によってこれら

の部位に起こる運動の流れに自然の波，あるいは体の波そのものである。

　ストレッチングも体の波と同じである。私たちはアンジュレーティングストレッチングのことをストレッチウェーブと呼んでいる。この波のイメージは，効果的なストレッチングの方法であるということだけでなく，呼吸をストレッチングの動作と同期させることも意味している（第1章の原則1を参照）。肢位を保持するスタティックストレッチングとは対照的に，呼吸をストレッチングの動作と同期させると，組織を伸張する準備が整うと考えられる。

　アンジュレーティングストレッチングでは，従来のストレッチングで生じやすい伸張部位の再収縮や硬化を避けることができる。これは，波の動きそのものが，筋を伸張したり緩めたりする際に異なる発火パターンを用いるからである。伸張が強すぎる場合には，伸張を一度緩めてからゆっくりと波が寄せて返すように再度伸張するとよい。目的とする部位に伸張感がなければ，他の部位が緊張しすぎて対象部位を伸張できていない，あるいは肢位が適切でない可能性がある。体のアライメントが適切で，体のどこにも制限するものがないにもかかわらず伸張を感じない場合，その部位は十分な柔軟性を有しているといえる。時にはこのような場合もある。

　アンジュレーティングストレッチングの2つの基本的特徴が，ストレッチ・トゥ・ウィンシステム全体の基礎となっている。それは，連続的な交互運動と，運動のテンポ（非常に遅い～非常に速い）である。

連続的な交互運動

　連続的な交互運動とは，ストレッチング中に生じる上下運動，前後運動，振幅運動のことであり，呼吸を調節することで開始したり保持したりする。これは以下のストレッチングを試すことで実感できるが，ウォームアップ前に実施すると特に効果的である〔注：ただし，何らかの疾患がある，またはその可能性がある場合や，脊柱に不安定性がある場合は行ってはいけない〕。

- 左右の足を肩幅に開き平行にして立つ。
- 息を深く吸いながら天井へ向かって頭頂部（顎ではない）を持ち上げる。
- 息を吐きながら顎を胸につけるようにする。
- 通常の呼吸を続けながら，頭と腕を前方に垂らして，肩，背中，腰をリリースする。両膝はロックしない程度に伸ばしたまま（伸展位），無理のない範囲まで前屈する。
- 最終域まで達したら，その位置で息を吸い，吐く。それから，できるだけゆっくりと，脊椎を1つずつ動かしながら，体を起こして元の位置に戻る。
- このエクササイズをできるだけゆっくりと，5回繰り返す。

　この動作の反復中や前屈して止まっている間，呼吸によって体がわずかに上下するのを感じてみる。これはまさに自然の起伏，あるいは呼吸による体の波状運動である。ストレッチウェーブ・ベリースロー（次項を参照）では，動きはほとんど生じない。従来のスタティッ

クストレッチングのように無理やりつま先や床を触ろうとすると，呼吸が妨げられて波状運動は停止してしまうだろう。これでは，可動性を増加させるというストレッチングの目的を達成することはできない。動作の最初から最後まで呼吸を止めなければ，動作を5回繰り返すことで無理なく柔軟性が増加することがわかるだろう。

運動のテンポ

　テンポとは，ストレッチングのタイミングとリズムのことである。私たちはストレッチウェーブを，ベリースロー，スロー，ファスト，ベリーファストの4つに分類している。私たちのシステムのストレッチングでは，呼吸から体の波状運動を始める。そして，テンポの基準として呼吸サイクル（1回の吸気と1回の呼気）を用いている。

　ストレッチングに呼吸を用いることは新しいコンセプトではないが，私たちのシステムではユニークな方法を用いている。ストレッチングの肢位を10秒数えて保持するのではなく，体を波状に動かしながらゆっくりとリラックスした呼吸を3回繰り返す。深い呼吸を3回行っても体がリラックスせずに対象部位がリリースされなければ，緊張が緩むまで呼吸を2回以上繰り返す。つまり，伸張位を保持する時間を決めるのではなく，自分の体の声に耳を傾けながら，呼吸を利用して硬さを感じるようにする。呼吸と組織がリリースされる感覚にしたがってストレッチングを行うと，結果として5秒か10秒あるいは20秒ストレッチングを行うことになるだろう。重要なことは，体が伝えようとしていることに耳を傾けなければならないということである。

　これまでの経験から，従来のストレッチングプログラムのように時間で規定するよりも，自らの体の声に耳を傾ける方が的確なストレッチングを行えることがわかっている。したがって，「このストレッチングは何秒行えばいいですか？」と聞かれた場合，「組織がリリースされるまで呼吸を繰り返してください」と答えることにしている。ここでは，筋ではなく組織といったことに気づいただろうか。筋だけではなく，非常に多くの異なる組織の重なりが関係しているのである。

　ストレッチングで呼吸を用いる最も効果的な方法は，息を吐きながら組織を伸張し，息を吸いながら伸張を緩めるようにして，体が波のように動くようにすることである。波をイメージして体を動かしながら，できるだけ滑らかにストレッチする。それぞれのストレッチングの中では，ストレッチウェーブの上下や前後の動きだけでなく，回旋や屈伸の動きも行う。ストレッチングを保持する時間は，呼吸によってコントロールすることを忘れてはならない。呼吸の回数は，ストレッチング中の体の感覚に左右される。体の両側とも感覚が全く同じ時もあれば，左右の硬さに明らかな違いを感じる時もある。もし左右に違いがある場合，もう少し呼吸を続けて制限を感じる部位を伸張することに時間をかける必要があるだろう。ストレッチングにかける時間は，個人の必要性や目的によって異なる。一般的な原則は，組織がリリースされたと感じるまで呼吸を続けてから，次の部位をストレッチする。

　第1章の原則2「ストレッチングによって神経系を調節する」を思い出してみよう。私たちの目標は，運動競技に求められる「体に対する気づき」を理想的な状態にすることであり，

そのために神経系が目的に合った状態になるようストレッチングと呼吸を同期させることから始める。以下に示す4種類の呼吸のテンポに体は強く反応する。

- ストレッチウェーブ・ベリースロー（StretchWave very slow：SWVS）：ストレッチの肢位で非常にゆっくりとした呼吸を3回行う。
- ストレッチウェーブ・スロー（StretchWave slow：SWS）：ストレッチの肢位でゆっくりとした呼吸を2回行う。
- ストレッチウェーブ・ファスト（StretchWave fast：SWF）：ストレッチの肢位で速い呼吸を1回行う。
- ストレッチウェーブ・ベリーファスト（StretchWave very fast：SWVF）：ストレッチの肢位で非常に速い呼吸を1回行う。

本書ではストレッチングのテンポを区別しやすくするためにこのような分類を用いているが，実際にはそれぞれの目標や経験に基づいて適切なテンポを見つけるようにする。レジスタンストレーニングと同様に，目標によって異なるテンポを選ぶ必要がある。

ストレッチウェーブ・ベリースロー（SWVS）：非常にゆっくりとしたストレッチングは，最も劇的かつ持続的に柔軟性を改善する。このテンポのストレッチングは，1つの肢位でストレッチウェーブを持続的に行う（通常，非常にゆっくりと3回呼吸する）。伸張位を保持するスタティックストレッチングとの違いは，体のすべての緊張をリリースすることに焦点を当て，全身あるいは特定部位を最大限に伸張するためにゆっくりとした呼吸に合わせて体を波状に動かしながらストレッチすることである。非常にゆっくりとした呼吸とストレッチングによって（テンポはゆっくり，持続時間は長く，弱い強度から始める），**副交感神経系**が刺激される（第1章の原則1と2を参照）。これが私たちがいう「肢位を変えずに動く」ストレッチングである。筋緊張が最小になり，筋膜の可塑的変化（持続的な延長）にとって理想的な状態となる。

このストレッチウェーブの目的は結合組織の可塑的変化によって柔軟性のレベルを高めることなので，リラックスできて多くの時間がとれるオフシーズンに実施するのが最も適している。プロやハイレベルのアスリートは，オフシーズン中であれば，可塑的変化を得るために持続時間や強度が増加しても，この方法を容認して効果を上げることができるだろう。このようなストレッチングを行うことで筋力やスピード，アジリティが改善する。シーズン中に結合組織の弾性を維持するストレッチングを実施することで，オフシーズンに行ったストレッチングの成果が現れるだろう。

SWVSを行う場合，どのようなストレッチングの肢位であっても，動きの波が脊柱，上半身，下半身，四肢まで広がるのを感じられるようにゆっくりと呼吸する。このストレッチングから最大限の効果を得るには，週の初めに全身のセルフ筋膜リリースを行い，その後に全身のストレッチングプログラムを少なくとも週2回実施する。その際，トレーニングやエクサ

サイズを実施した部位に対してセルフ筋膜リリースとストレッチングを行うようにする。たとえば，オフシーズンに週3回のウエイトトレーニングと週2回のランニングを行う場合，トレーニングを行わない日に全身のセルフ筋膜リリースを週1回，ストレッチングを週2回実施する。また，上半身と下半身を分けて別の日にトレーニングを行った場合，その日にトレーニングを実施した部位に対して短時間のストレッチングを行ってもよい。

体を酷使したシーズンが終わった直後は，オフシーズンのプログラムとして特に瘢痕組織やトリガーポイントが生じやすい部位の柔軟性を高めるようにする。たとえば，アメリカンフットボールのパンターやキッカーであれば，週2回の全身のセルフ筋膜リリースやストレッチングをプログラムに組み込み，キックに必要な背中や股関節，脚をより意識して行う。シーズン中に蓄積された問題が解消されれば，オフシーズン中に目標とする柔軟性を得ることが容易になるだろう。競技に求められる柔軟性，コーチやトレーナーに設定された柔軟性の目標を達成できるまで，このプログラムを継続する。必要な柔軟性を獲得した後は，SWSのテンポで行うメンテナンスプログラムに切り替える。

ストレッチウェーブ・スロー（SWS）：このタイプのストレッチングはSWVSよりも少し速いテンポだが，ゆっくりと呼吸することで（1つのポジションでゆっくりとした呼吸を2回行う）副交感神経を優位にし，組織の可塑的変化よりも弾性の改善のために行う。このストレッチングはトレーニング後に低下した柔軟性を迅速に回復させることを目的としているので，そのテンポはSWVSよりも速い。たとえば非常に激しいトレーニングの後は，その直後の深部体温が下がる前，もしくは就寝前（できれば温浴後）に行うのがよい。

私たちの経験では，このルーティンによってトレーニング後に低下した柔軟性を迅速に回復させることができる。硬さの程度やルーティンに慣れている程度によって，5〜20分かけるとよい。SWVSのような全身のストレッチングを行う時間がないため，その日の活動によって硬くなった部位を集中して行う。

全体的に硬い場合，このテンポで全身のストレッチングを行ってみる。この方法で柔軟性が回復しなければ，必要な柔軟性が得られるまでストレッチングを繰り返す。アスリートの中には，立ち上がったり歩き回ったりすることで柔軟性を獲得できたかどうかがわかる人もいる。他の人でも，通常は手足を振ってみたり，問題のあったスポーツ動作を行ってみることで気がつくことが多い。硬い部分があれば，対象となる部位すべてに対してストレッチングを行い（第6章参照），必要な柔軟性が得られるまでストレッチングを繰り返す必要がある。

練習後に，前述したガイドラインに則ってSWSを毎回実施すれば，次の日までには完全に柔軟性が回復するだろう。週末やシーズン中，シーズンの終盤など，柔軟性を維持するのが大変な時期は，週の中で何度か（合計で1〜2時間ほど）全身のSWSプログラムを集中して行う必要がある。組織に蓄積した緊張や痛みがリリースされるまでストレッチングを繰り返し行う。

SWSは，トレーニングや練習，試合の後に行うのに適している。試合が続いて体への負担が大きくなり，柔軟性を維持することが難しくなった時には，柔軟性を回復させるために

SWSを用いたトレーニングセッションを設けることもできる。このテンポであれば，5分で3〜4種類，15分で10〜12種類のストレッチングを行うことができる。

ストレッチウェーブ・ファスト（SWF）：このテンポのストレッチングは，トレーニングや試合などの前(1〜2時間前)に行う準備として有効である。これはダイナミックストレッチングや機能的ストレッチングと同様に関節可動域を徐々に広げながら組織を動かし，同時に円運動を行うことで関節包をウォームアップする。このようなストレッチングはウォームアップの一部として既に取り入れられていると思われるが，SWFではスポーツ動作を真似た動きではなく，体を多平面・多方向に波状に動かしながらストレッチングを行う。この動きによって，各スポーツや身体活動に最も重要と思われる部位の血流が効率よく促進されるので，ウォームアップとして体を準備するのに役立つ。また，関節の潤滑や固有受容器（正確な関節運動を導く神経系の一部）が刺激され，あらゆる方向への関節運動の準備が整う。

SWFでは競技活動のスピードを高めるために速いテンポで呼吸する（1つの肢位で速い呼吸を1回行う）。速いテンポで呼吸とストレッチングを行うと，交感神経系が刺激され，スポーツや他の身体活動に必要な筋群が適切に動員される。運動前に制限部位へのセルフ筋膜リリースを5〜10分行い，それからSWFを必要に応じて5〜15分行えば，体を適切にウォームアップすることができる。

ストレッチウェーブ・ベリーファスト（SWVF）：このタイプのストレッチングでは，スイング動作やバウンディング，ジャンプなどの強度が高くて素早い動作を，実際にスポーツで行う準備として行う。ハードル，棒高跳び，走り幅跳びや体操など，爆発的な運動を必要とする種目のアスリートには，付加的なウォームアップとして，非常に速いテンポの呼吸と各スポーツに求められる可動域の限界まで素早く動かすことが役立つ。より速いテンポのストレッチングを行う準備として，最初はゆっくりとしたテンポから始めることを推奨する(オフシーズンはSWVS，シーズン中であればSWS)。シーズン中の適切な時期に非常にゆっくりとしたテンポから非常に速いテンポまでのストレッチウェーブを行うことで，他動的な柔軟性を向上させた後に続けて能動的な柔軟性を高めることができる。この流れに沿って進めていけば，シーズン当初やシーズンが進むにつれて問題を引き起こす可能性のある柔軟性の基礎的な問題にしっかりと対応できるので，非常に速い動作の能力が改善する。多くのアスリートが基礎を十分に修得しないまま柔軟性を向上させようとするが，これが障害を引き起こす原因となる。

SWFやSWVFによるストレッチングプログラムは，ウォームアップの直後（同様のプログラムがウォームアップに含まれていない場合）やトレーニング，練習，試合の直前に行うのに適している。時間によって行えるストレッチングの数は変わってくるが，通常は速いストレッチングであれば1分で2〜3種類行うことができるので，5分あれば約10種類はできるだろう。

テンポのまとめとして覚えておかなければならないことは，呼吸とストレッチウェーブの種類によって神経系への影響が変わってくるということである。同じ種類のストレッチングを行う場合でも，練習や試合の前にはSWFのテンポでストレッチングを行い，練習や試合の後は活動によって低下した柔軟性を回復させるためにSWSのテンポを用いてストレッチングを行う。呼吸やストレッチングを速いペースで行えば活動の準備が整い，ゆっくりとしたテンポで行えばリラックスして穏やかな状態になるだろう。

　ストレッチングとは単に可動域を大きくするだけのものではなく，組織の耐性を生み出すすべての運動を含むものとする新たな考え方がある。本章では，ストレッチングの種類とパラメータについて定義し，柔軟性トレーニングを個別化する様々な選択肢があることを説明した。次章では，柔軟性がパワーや筋力，スピードのような運動能力のパラメータに対してどのような影響を及ぼすかについて説明する。

4.
スポーツパフォーマンスにおける柔軟性

　スポーツによって体が受ける外力に対応するための柔軟性は，各競技に特有の才能，集中力，筋力，可動性，協調性，バランス，クイックネス，アジリティ，スピードのような身体的および競技的資質によってもたらされる。本章では，柔軟性と，スポーツで継続的に最高のパフォーマンスを発揮するための能力との関連性について解説する。また，私たちが注目しているパフォーマンスピラミッドにおいて，高度な動作スキルの基盤となる基本的動作について述べる。

〜パフォーマンスピラミッドとは〜

　機能的動作を含むスポーツのトレーニングは，最下部に**機能的動作**（基本的動作），その上に**機能的パフォーマンス**（運動パフォーマンス），最上部に**機能的スキル**（各スポーツに特有のスキル）が位置するピラミッドとして体系化することができる（図4.1）。優れたパフォーマンスと優れた動作スキルを身につけるには，まずその基礎として基本的動作パターンを頑丈に作り上げなければならない。基礎となる基本的な動作スキルが不十分でも最高レベルのパフォーマンスを発揮できるアスリートはいるが，そのレベルのパフォーマンスを維持できないという研究結果やアスリート本人からの訴えがある。また，外傷後のリハビリテーションの過程で，基本的動作が不十分であることがしばしば認められる。このようなことから，本章ではパフォーマンスピラミッドの基礎となる基本的動作とそれに関連した柔軟性に焦点を当てる。

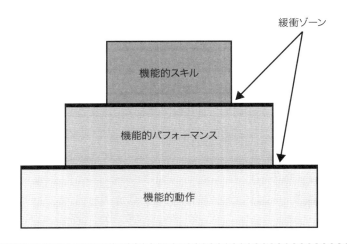

図 4.1 頑丈な基礎の重要性を示すグレイ・クックのパフォーマンスピラミッド
G. Cook, 2003, Athletic body in balance (Champaign, IL: Human Kinetics), 13 より許可を得て転載。

柔軟性と機能的動作

　コアの筋群の動的安定性を高めるトレーニングや治療は広く受け入れられており，あらゆる動作に必須のものとなっている。全身の可動性にコアの筋力や安定性が必要であることはよく知られており，知識の豊富なコーチやトレーナー，セラピストは，トレーニングやリハビリテーションのプログラムにこの概念を取り入れている。本書の初版を執筆し始めた2003年の時点では，コアの包括的な可動性トレーニングをスポーツやフィットネスの分野で見かけることはほとんどなかった。多くのフィードバックにより，ストレッチ・トゥ・ウィン（Stretch to Win）プログラムがコアの可動性の評価とトレーニングの重要性を示すことに大きく貢献していることがわかった。過去10年間で可動性トレーニングの重要性が高まり，現在では多くのスポーツでコアの可動性が標準的な指標として検討されるようになった。

　パフォーマンスピラミッドの考案者であるグレイ・クック（Gray Cook, 2003）は，スポーツトレーニングやリハビリテーションの分野で有名なFMS（functional movement screen：ファンクショナル・ムーブメント・スクリーン）の開発者としても知られている。FMSはアスリートの可動性や安定性，モーターコントロールに問題がないかを判断する基本的動作の評価基準として，多くの専門家やスポーツチームに受け入れられている。ストレッチ・トゥ・ウィンシステムは，アスリートの機能的動作パターンを改善し，FMSスコアを速やかに向上させるとして，多くの人に用いられている。

コアの安定性と筋力

　過去50年，医学やリハビリテーション，理学療法分野における多くの研究者がポリオや筋ジストロフィー，脳卒中などの疾患による神経筋への影響に関する研究を行ってきた。その結果から，これらの疾患は筋力，柔軟性，バランス，全身のモーターコントロールに異常

をきたすことがわかっている。研究によって，患者が四肢の機能的動作を獲得する前に腹筋，殿筋，背筋などの体の中心部あるいはコアの良好な安定性を再獲得すべきであることが示されている。この考えは，運動発達の初期にあたる乳児が，腹這いでの移動や歩行を獲得する前にコアを強化していることに裏付けられている。近年，スポーツやフィットネスの分野では体幹や骨盤のコア筋群の強化が注目されており，コアを強化することでアスリートのバランス能力，協調性，アジリティ，筋力，パワー，持久力が向上することが明らかになっている。

　今日のトレーニングプログラムの多くは，何らかの形でコアの強化やコンディショニングを取り入れている。運動発達の過程で試行錯誤によって動作を段階的に学習しながら自然に体幹や骨盤がトレーニングされる，乳幼児の正常発達に沿ったプログラムが最良であると認識されている。結局のところ，乳児は特別な指導を受けたりコアを単独で鍛えるエクササイズを行ったりせずに，正しい感覚や動作を経験する前に試行錯誤することで，コアの筋群を活性化させる方法を学習しているのである。

　運動発達のわかりやすい例の1つとして，乳児が背臥位から腹臥位への寝返りを学習することが挙げられる。乳児は多くの失敗を経て，ある日コアの筋群を動員し，四肢の動きと

過可動性，低可動性，不安定性

　私たちの講習会の参加者から，可動性が過剰になっている関節に関連した筋をストレッチしてもよいかという質問を受けることが多い。正常な可動域以上の可動性を必要とするスポーツであれば，その過剰な可動性を維持するためにも必ずストレッチングは行うべきである。たとえば野球のピッチャーは，日常生活で必要とされる肩関節の外旋可動域よりも大きな可動域が求められる。このような場合，正常範囲を超えた動きをサポートするための局所的な安定性や筋力がなければ，関節は不安定になる。

　通常，関節の不安定性とはその部位に外傷・障害の既往（捻挫）があり，それによって靱帯が弛緩している状態を指す。また，ストレッチングやスポーツのスキルトレーニング（ピッチングなど）を過度に行うことにより関節や筋の過可動性が生じ，それに見合った筋力がない場合にも不安定性が生じる。例として，ヨガを30年実践している50代のクライアントのケースを挙げる。彼女の訴えは，腰に硬さや違和感があるのでストレッチングをしてほしいというものだった。評価結果から彼女の関節は全体的に過可動性を呈しており，荷重関節の多くが不安定に近い状態であると判断した。筋緊張は正常よりも低下しており，筋力を評価すると体幹のコア筋群や骨盤，股関節に著しい筋力低下が認められた。そこで，コアの筋力強化と安定化プログラムを行ってもらうと，2週間足らずで腰痛は消失した。彼女に必要であったのはストレッチングではなく筋力強化であった。このように，関節の過可動性に対して筋力強化と安定化エクササイズのバランスのとれたプログラムを行うことで，不安定性が生じるのを避けることができる。

　過可動性の対極に位置するのが低可動性である。可動域制限のある関節や筋に最も有効なものはストレッチングである。ストレッチングは，関節包や筋膜の潜在的な能力を解放できるため，アスリートの関節の低可動性や筋膜の硬さといった問題を劇的に改善できる。ストレッチングによって獲得された制限のない動作が最高のパフォーマンスへと導いてくれる。筋膜の可動性については本章の後半で説明する。

協調して働かせる正しい方法を見つけ出す。これ以降，乳児は「動く」前に「安定させる」ことを体で覚える。子供は成長するにつれて歩く，走る，スポーツを行うなどの応用的動作を通して，自然にコアの筋力や安定性を高めていく。このように自然にコアが働くトレーニングの方が，「コアを働かせて」と機械的に指示するトレーニングよりも好ましい方法である。

その後，不動や何らかの疾病，ケガなどがない限り，体がコアを働かせる方法を忘れることはない。リハビリテーションにコアの姿勢教育と筋力トレーニングを取り入れることでより早くかつ完全に機能が回復することが，医学と理学療法学の領域の研究で初めて示されて以来，コアのトレーニングはリハビリテーションの枠を超えてあらゆる筋力トレーニングやコンディショニングプログラムに組み込まれるようになった。最も優れたプログラムとは，必要な時にコアの筋群を無意識に働かせる能力を高めてくれ，安全かつ効果的に動くことができるようになるものである。

最も効率的な動作を行うためには，安定したコアが必要である場合がほとんどである。このことについて以下のテストを用いて説明する（ただし，痛みがある場合は行ってはいけない）。

- 背臥位になり両脚を伸ばす。
- 右手を右骨盤の最突出部（上前腸骨棘：ASIS）に置き，左手も同様に左側の骨盤に置く。
- 床から右脚を持ち上げて軽く感じるか重く感じるか，骨盤がどのくらい捻れたり回旋するかを確認する。骨盤上にある右手が床に近づいたり，その動きを制御できない場合は，コアの機能が低下している可能性がある。
- 右脚を元の位置に戻し，左脚でも同様に行う。

脚，股関節，骨盤，腰部の感覚の変化，反対側の脚と比べてスムーズに，あるいは楽に持ち上げられるかなどに注意する。左右差があれば，脚が重く，骨盤や腰部の捻れや回旋に気づき，安定性や支持性が低下していると感じるだろう。安定性や支持性の低下があれば，コアを働かせる能力に何らかの問題がある可能性がある。

しかし，コアの安定化プログラムを行う前に，まずコアの可動性を評価することが望ましい。多くの場合，筋や筋膜が硬くなって正常な筋力が抑制されることが，筋力低下や不安定性の原因となっている。このような場合は筋力強化や安定化のトレーニングよりもストレッチングを行うことが第1である。

コアの可動性

神経学的な抑制が筋力低下の原因である場合，問題のある筋群を的確にストレッチすることでコアの安定性や筋力が向上する。たとえば，硬くなった股関節屈筋は殿筋の活動を抑制し，体幹や骨盤，股関節の筋によるコアの安定性の役割を代償することがある。このような問題は股関節屈筋へのストレッチングで解決することが多い。しかし，コアの活動がきわめ

て小さい場合，もしくはストレッチング後に変化がみられなかった場合は，全身の筋膜ネットを考慮するという筋膜可動性トレーニングの重要なポイントを見落としていることが多い。股関節屈筋が硬くなっているこのケースでは，股関節にまたがる筋だけをストレッチするのではなく，フロントネットにある他の筋に対してもストレッチングを行うべきである。全身の筋膜ネットの可動性を考慮したストレッチングを行えば，局所のストレッチングを行うだけでは不十分なコアの筋力や安定性が最適化されることも多い。

コアだけでなく頭から足の先まで体のすべての面（前面，側面，後面）の柔軟性には，筋や筋膜，関節で構成されるネット全体が関係している。体の一部に筋力低下や不安定性を感じる場合，1つあるいは複数の筋膜ネット内にある関節や筋筋膜の制限が原因かもしれない。これらの制限を筋膜ストレッチングによって改善すれば，安定性が向上する。つまり，ストレッチングは動的安定性を改善・強化することができるのである。

バランスのとれた可動性と安定性

コアの筋力についての項で，乳児は腹這いでの移動や歩行よりも先に必ずコアを強化していることについて述べた。このコンセプトは，安定性は通常の動作に先立って高まるという理学療法分野における考えと同じである。前述したとおり，正常な機能とは痛みや制限なく関節や筋を使って体を動かす能力のことである。この正常な動作は，可動性と安定性のバランスによって成し遂げられる。そして，バランスのとれた可動性と安定性は，機能的テンセグリティ（第1章参照）の構成要素である。

この例としては，天井の電球を交換する際に手を上げるといったシンプルな動作がある。電球に手を伸ばすために，肩の関節や筋を伸張してつま先立ちをしている状況を想像してみよう。肩関節の可動性と安定性のバランスがとれていれば，問題なく容易に行うことができる。肩関節が硬い場合にも動作は可能かもしれないが，硬くなっている部位とその程度によって，伸張感が伴う。反対に肩関節が通常より緩い場合，電球を変える際に必要な可動域は十分にあっても，関節を損傷する可能性がある。肩関節複合体のどの部分がどの程度緩いのか，筋による安定性がどの部分でどの程度不足しているのかによって，痛みや違和感，上げた腕の力の弱さなどを感じるかもしれない。

正常な可動性には幅がある。つまり，正常な範囲の一端は少し緩い関節であり，もう一端は少し硬い関節である。理学療法などの分野では，正常な関節より緩い場合を**過可動性**，正常な関節より硬い場合を**低可動性**と呼ぶ。過可動性と低可動性の両方とも，最適な機能を妨げている場合には，何らかの治療が必要となる異常な状態であると考えられる。このように身体構造の動きが増加あるいは減少している状態の程度は様々であり，体全体の結合組織が正常より少し緩い人もいれば，正常より少し硬い人もいる。また，上半身は緩いのに下半身は硬いということもある。片側の肩関節が非常に緩いが，他の部位の柔軟性は正常な人もいる。柔軟性の程度が様々であることについては，各個人の体にはそれぞれ固有の硬さと緩さの範囲があると考える方が正しいと思われる。このような視点は，パフォーマンスを改善する際に，各個人のニーズを見つけて働きかける手助けとなる。

> **トレーナー・ヒント**
>
> **筋膜の滑走**
>
> 筋膜は，安静時も組織全体の張力で維持される滑走メカニズムによって動く（Schleip et al 2012）。関節や神経組織の動きにも，滑走という要素がある。皮膚と皮下にある浅筋膜は，深層にある高密度の深筋膜上を滑る保護クッションとして作用する。深筋膜は筋や他の結合組織，靭帯，骨を覆っており，正常に機能すれば各層が滑走する3層構造であることが示されている（Schleip 2015b）。浅筋膜と皮膚の間には血管と神経が存在する。筋膜にある自由神経終末の80％は，位置覚や運動の微調整，精密さなどを司る固有感覚系として重要である。筋膜の滑走が制限されたり阻害されたりすると，体の構造や機能に悪影響があり，運動パフォーマンスも低下する。これらの悪影響には，不良姿勢や動作機能不全，固有感覚の低下，筋の発火パターンの障害，神経調節の異常，誤った運動学習など，様々な問題がある。

〜柔軟性と機能的パフォーマンス〜

スポーツでトップレベルの機能的パフォーマンスを発揮できるかどうかは，筋力，パワー，スピード，アジリティ，クイックネス，バランス，持久力などが最適なレベルにあるかどうかによって決まる。また，筋膜系の柔軟性が低下している場合，これらのパラメータが悪影響を受ける可能性がある。適切な柔軟性とは，スポーツやトレーニング，フィットネスなどから受けるすべての外力（ストレスや負荷）に対して十分に適応し，回復する能力のことである。このような外力に対する体の適応能力は，脳や神経系の適切な機能とともに「バイオテンセグリティ」（第2章参照）と呼ばれる結合組織網の筋膜ネットワークの影響が大きい。ストレッチングの動作によって可動性のバランス不良を評価・修正するストレッチ・トゥ・ウィンシステムの方法によって，問題を迅速かつ容易に解決することできる。ここでスポーツの機能的パフォーマンスを構成する各要素に柔軟性がどのような影響を与えるかについて検討する。

筋　力

運動科学と生体力学の研究者であるMel Siffは，**筋力**を「特定の条件下で力を発揮する特定の筋や筋群の能力」と定義した（Siff 2003,1）。また，筋力は筋のサイズだけで決まるのではなく，神経系が効果的に刺激されることで筋は強力に収縮すると述べており，この考えはすべての筋力トレーニングの基礎となっている。スポーツでアスリートが最高のパフォーマンスを発揮するには，筋力トレーニングが必要である。筋力や神経機能を低下させる要因があれば，パフォーマンスを最大限に発揮するのは難しくなるだろう。したがって，不動，脱水，癒着，バランス不良などにより筋膜に柔軟性や順応性の低下がある場合には，筋や筋力は最適な状態ではないと考えられる。

パワー

　生体力学におけるパワーとは，単関節や多関節の可動域における力と速度の積である。研究者は微積分学やCGモデル，多数のビデオカメラを用いて複雑な動作を解析する。しかし私たちが関心を持っているのは，トリガーポイント，瘢痕組織，関節の過可動性や低可動性などの原因によって筋や筋膜が硬くなり，力の産生能力が低下するということである。適切な力を生み出すことができないと，速度を増加させることができず，結果としてパワーは減少する。つまり，様々な原因によって硬さが増加すると，パワーは減少してしまうのである。

　たとえば筋に部分的な制限があると，その筋の緊張や被刺激性が増加して，体の内外からの刺激に対する閾値が低下する（Lavelle, Lavelle, and Smith 2007）。野球の投球のようなパワーが必要となる動きでは，回旋筋腱板にトリガーポイントがあると，筋線維の発火に問題が生じる可能性がある。このことにより，球速の低下やコントロール不足，易疲労性などの問題につながる。トリガーポイントのある部位は，新陳代謝が変化する。その変化の中で最も顕著なものは，血流量がきわめて少ないために生じる筋の酸素含有量の低下である。トリガーポイントは，マラソンランナーや水泳の長距離選手，自転車競技選手などの持久力も低下させる。同様に，筋膜の柔軟性の低下（これについては前述した）に対処しない場合，パワーを生み出す能力は低下する。

スピード

　体が硬いと感じる時には，緩い状態に比べて素早くもしくは効率的に動けないということは，直感的に理解できるだろう。硬い感覚をなくすことがストレッチ・トゥ・ウィンシステムの目標である。アスリートに接してきた経験からいうと，「緩い」という言葉には「硬いの反対」とは性質の異なるいくつかの意味があるので，適した使い方をする必要がある。不安定性や過度な柔軟性といった「緩さ」を感じるのではなく，練習中や競技中に制限のない自由な動きを感じたいのである。

　私たちのクライアントであるアメリカンフットボールのプロ選手は，硬さを表現するのに，「全力疾走しようとした時に車のパーキングブレーキがかかったような感覚」と述べることが多い。硬いことでハムストリングスを傷めることを恐れて，全力で走ろうとしなくなることもある。

　ストレッチ・トゥ・ウィンシステムによって柔軟性が向上すると，アスリート自身がベストの状態であると感じるようになり，スピードが向上する。クライアントがこのシステムを用いてストレッチングを行うと，体が軽く楽に動けるという感想をよく聞く。アメリカンフットボールのスター選手であったEmmitt Smithは，筋膜ストレッチセラピーを初めて受けた後，「まるで10歳若返ったようだ」と語った。このような反応はベテラン選手によくみられるが，それはこのシステムがスピードやアジリティを改善できるからである。

アジリティとクイックネス

　アジリティは一般的に急激なブレーキや方向転換，再加速する能力を指す言葉であるのに

対し，**クイックネス**はSiffの定義によると伸張反射を必要とせずに筋機能を活性化させる中枢神経系の能力のことである（Siff 2003）。また，クイックネスは大きな外力や優れた筋力，パワー，エネルギーとは関係なく発揮されると述べている。しかし，クイックネスは中枢神経系によって生み出されるが，神経伝導速度だけでは科学的にクイックネスを表わす時間の長さや変動を説明できないとしている。それでは，どのようにしてクイックネスとアジリティの性質を説明することができるだろうか。

第2章で筋膜の性質について述べたように，触覚の感度や協調性が高く，すべてのシステムを統合するストッキングが皮下にあり，筋や腱，靱帯，骨を包んでいることをイメージしてみよう。体のあらゆる部位で筋や臓器，神経，血管を覆いつないでいる深部の膜，あるいはネットのように伸張する性質をもった筋膜のコンプレッションウェアをイメージする。目に虫が突然飛び込んできたとすると，その災難から逃れるために，目だけでなく体全体の筋膜が筋を一斉に動員して反応する。また，時速150 kmで向かってくる野球のボールを素早く避けること，あるいはアイスホッケー選手が氷上を高速で動くためにスケート靴を素早く適切な位置に調整することをイメージしてみる。Siffによると，この瞬間的に体のすべての組織に信号を送るシステムは，神経信号よりも速く伝達される（2003）。筋膜系がバイオテンセグリティ構造のように制限なく機能していれば，体は小さい動きから大きい動きまで問題なく適切に反応する。筋力やパワー，スピードと同様に，クイックネスとアジリティは，制限のないバランスのとれた筋膜ネットワークに依存している。つまり，動作に制限が存在する場合，これらの能力に問題が生じる。筋膜可動性トレーニングを用いて筋膜の柔軟性を維持することで，動作が制限されるのを防ぐことができる。

〜柔軟性と機能的スキル〜

パフォーマンスピラミッドの最初の2つである機能的動作と機能的パフォーマンスを獲得したら，次の目標は機能的スキルのトレーニングによって集中力を維持し，動作中も力まずリラックスし続けることである。プロ選手やトップレベルのアスリートが最高のパフォーマンスとスキルを維持するために，ストレッチ・トゥ・ウィンプログラムを継続して使用することが重要であることは，私たちのクライアントの例で示されている。これらのアスリートのプログラムは，可動性を評価する2つの確立された方法に基づいて，個人個人に合うようにカスタマイズされる。その評価方法とは，有資格者による筋膜ストレッチセラピーと，筋膜可動性トレーニングで行う筋膜可動性評価である。この方法については次章で説明する。

次章では，筋膜可動性評価について説明し，そこからトレーニングとパフォーマンスの情報を得る方法について述べる。このプログラムによる評価を行っていれば，何らかの問題が生じても，迅速に解決できることが多い。

5.
柔軟性の評価

　柔軟性を評価することは，単に関節可動域（ROM）をテストすることではなく，動作に対する体の反応を評価することである。結合組織（筋膜）は体全体に広がる組織であり，動作を制御するセンサーがそこに最も多くあるため，アスリートが筋膜を評価しトレーニングする方法を身につけることは理にかなっている。トレーニングプログラムを開始する前に，筋膜可動性評価（fascia mobility assessment：FMA）を正しく行い，筋膜に動作を妨げる問題があるか評価することが重要である。

　筋膜は正常なつりあいのとれた張力を必要とする結合組織のネットワークなので，正しく機能するようにその張力を評価し，必要に応じて調整できるようにすべきである。スポーツで生じる整形外科的な筋骨格系外傷・障害のほとんどは筋膜で生じることが，先行研究で示されている（Schleip et al 2012；Schleip 2015a, 2015b）。本章では，スポーツ競技に適した可動性とパフォーマンスを獲得し維持するための，筋膜の柔軟性の評価と張力の調整方法を説明する。また，慢性疼痛，筋力低下など，動作と可動性の問題の原因となりうる多くの問題の解決策に役立つ評価方法を示す。重要なことは，筋膜可動性ネットに沿って，問題となっている部位を正確に突き止め，取り除くための評価方法を学ぶことである。

〜 筋膜可動性評価（FMA）とは 〜

　FMAは，問題の原因を特定し，最適でないパフォーマンスやトレーニングの修正方法，痛みや筋力低下，不快感などの原因の解決方法を導き出すのに役立つ。FMAの主な目的は，以下の3つである。

1. 問題のある領域を特定し，迅速な解決策を見つける。
2. 個別の柔軟性プログラムをデザインし，計画，実行する。
3. プログラムを進めるために再評価を行う。

　FMAを定期的に行う利点は，パフォーマンスを向上させ，ケガを予防し，スポーツに最適な身体と精神を維持することである。

　何をストレッチする必要があるのかを評価せずにストレッチングプログラムを始めることは，アスリートの利益にならない。もちろん，評価を行わなくても，可動性の改善から偶然に運動能力の改善を経験するという幸運な場合もあるかもしれない。しかし，体の一部を過度にストレッチする可能性もあり，パフォーマンスの低下や，ケガの危険性が増す可能性がある。自分自身のFMAを作成することで，これらのリスクを回避できる。

　医療の専門家が，痛みの原因や動きの問題点を正確に判断することは難しいかもしれない。たとえば医学界では，慢性腰痛について，治療の成功例は非常に少ない。低栄養，肥満，変形性関節症や他の疾患（糖尿病，心臓疾患など），および外傷・障害（靱帯損傷，腱炎など）のような合併症がある場合では，より困難になる。本書は主にアスリートやフィットネス愛好者を対象として書かれているが，私たちのアプローチは医療を必要とする多くのクライアントでも成功している。そのような人も，医療の専門家の許可を得られれば，このプログラムを行うことを強く勧める。

〜筋膜可動性評価（FMA）の実施〜

　FMAには，簡易版FMAと完全版FMAの2種類がある。

簡易版 FMA

　簡易版 FMA は「クイックテスト」ともいう。重篤なケガではない問題に適しており，FMA がすぐに役立つかどうかを示す。すぐに役立つならば，FMA を行うことで，慢性化したりより深刻になる可能性がある軽微な問題が解決する。また，問題を容易に扱い，取り除くことが概ね可能であり，再び悩まされることはないだろう。
　簡易版 FMA の5つのステップは次のとおりである。

ステップ1：最も悪い状態の機能的動作を評価する

　2つ以上の動作（ジャンプ，ランニング，スローイング，スイングなどの競技動作）に問題があるかもしれないが，不快感や制限が最も大きいものを選択する。

ステップ2：問題があると感じる部位を特定する

　上半身，下半身，またはその両方に問題がある可能性がある。

ステップ3：自分が感じた問題部位に関連のあるストレッチ動作を確認する

　以下のストレッチングプログラム（詳細は第6章で解説する）の中から，問題に関連する領域を含むものを1つ選んでテストする。制限のある動作，ぎこちない動作，できない動作を特定して記録する。これらの問題が体のどの部位で感じられるかを特定する。

- アッパーボディ（上半身）とローワーボディ（下半身）のコア4プログラムを組み合わせたグレイト8ストレッチ（p.91 を参照）
- ローワーボディ・コア4プログラム（p.92 を参照）
- アッパーボディ・コア4プログラム（p.100 を参照）

　グレイト8ストレッチは，アッパーボディ・コア4プログラムとローワーボディ・コア4プログラムの8つの重要なストレッチ動作から構成される。これらの動作によって特定の部位の可動性をテストし，可動性が低下している可能性のある部位を特定できる。その後，この情報を利用して可動性を修正・改善することができる。

ステップ4：プログラムを作成する

　以下の手順に従い，上記のストレッチングプログラムを用いて，個人のプログラムを作成する。

- 左右両側が制限されている場合，可動性が改善しなくなるまで両側のストレッチングを続ける。表5.1（p.80）の「修復と修正」プログラムのパラメータを用いる。

- 左右どちらか一方の制限が他方より大きい場合は，2:1 の割合で両側をストレッチする。制限が大きい側から始め，同じ側で終わるようにし，必要に応じて左右差がなくなるまで，あるいはそれ以上改善がみられなくなるまで繰り返す。

ステップ5：機能的動作を再評価する

機能的動作を再評価し，以前より改善しているか，同じか，悪化しているかを記録する。ストレッチングプログラムを終了した後の再評価では，以下のような結果（アウトカム）が考えられる。

- 制限された部位が改善しているか，正常に感じられる場合は，維持的なプログラムを行う。
- 改善していなければ，各パラメータを次のように変更する。ストレッチウェーブの動きを徐々に大きくする（詳細は第3章を参照）。そうすると，ストレッチングの強度および持続時間が徐々に増大する。問題のある部位が正常に感じられるまで，毎日プログラムを繰り返す。その後は，維持的なプログラムを行う。
- 3日後に変化がほとんどないか，症状が戻っている場合には，ストレッチングの前にセルフ筋膜リリース（p.72参照）を行い，同じプログラムを繰り返す。さらに3日後に依然として変化がない場合，または悪化した場合には，後で示す完全版 FMA を実施するか，筋膜ストレッチセラピーの有資格者に連絡するか，医療相談を受けるよう勧める。

簡易版 FMA：アンディのケース

これは，簡易版 FMA がアスリートにどのように役立つかを示す1例である。アンディは28歳で，仕事は営業職であり，総合格闘技とクロスフィットゲーム（CrossFit Games）の競技者である。以下は，彼の最初の簡易版 FMA のおおまかな結果である。

ステップ1：最も悪い状態の機能的動作を評価する
- キッピングプルアップ（スイングプルアップの一種）
- 逆立ち歩き

ステップ2：問題があると感じる部位を特定する
- 両肩の慢性的な痛みと筋力低下が1年続いている。
- 腰の痛みと張りが3年続いている。

注：カイロプラクティックやマッサージを受けたり，自分でマッサージを行ったりしたが，改善は一時的だった。

ステップ3：自分が感じた問題部位に関連のあるストレッチ動作を確認する

- ローワーボディ・コア4 股関節屈筋群：左より右の股関節屈筋と腰全体の制限が大きい。広背筋：右より左の広背筋の制限が大きい。

ステップ4：プログラムを作成する

- 股関節屈筋群：右対左が2：1の割合になるように，右側から始めて右側で終わるように繰り返す。
- 広背筋：左対右が2：1の割合になるように，左側から始めて左側で終わるように繰り返す。
- 定期的に簡易版FMAを行い，バランス不良が修正されたかどうか確認し，その結果により1：1の割合に変更する。

ステップ5：機能的動作を再評価する

- アンディは，プログラムを1回行った後，腰部と肩の症状が50％改善した。
- ストレッチングを1週間毎日行い，症状は75％まで改善したが，翌週は著明な改善がなかった。
- 股関節屈筋群と広背筋にはセルフ筋膜リリースを行い，その後同様のストレッチングを行ったところ，1週間で機能的動作を痛みなく行えるようになった（100％の改善）。
- その後の経過：3ヵ月後も痛みがなく，正常な機能的動作が可能であり，ウエイトトレーニングと競技パフォーマンスにおいて自己ベストを記録した。グレイト8ストレッチを，トレーニング後にはリカバリーのためにストレッチウェーブ・スロー（SWS）で20分，トレーニング前には動的ウォームアップとしてストレッチウェーブ・ファスト（SWF）で10分，週5日行っている。

簡易版FMA

完全版FMA

完全版FMAは「コンプリートテスト」ともいう。簡易版FMAでも多くの問題を改善することが可能だが，完全版FMAではより詳細なテストを行うことで，問題の原因を見つけ出し，それに対処するための方法を示すことができる。

完全版FMAの6つのステップは以下のとおりである。

1. 個人記録を作成する。
2. 姿勢の評価を行う。
3. 動作の評価を行う。
4. 軟部組織の評価を行う。
5. 結果を確認する。
6. 計画を立てる。

ステップ1：個人記録を作成する

個人記録を作成する目的は，スポーツにおける不十分なパフォーマンスにどのようなできごとやケガが関与しているのかを確認することである。また，慢性的な痛み，炎症による痛み，ケガの原因を明らかにするのにも役立つ。

まず，個人記録を作成する前に，症状と徴候の基本的な違いを理解する必要がある。

- **症状**とは，主観的な痛みや運動時の不快感である。
- **徴候**とは客観的なものであり，他の人から見ても動作が正しくないことを指す。これを評価する良い方法は，動作がどのように見え感じられるかを健側と比較することである。両側とも問題がある場合は，状態が悪くなる前の感覚と比較する。正常に感じられない場合は，トレーニングやパフォーマンスに悪影響を及ぼす可能性がある何らかの徴候があるといえる。

個人記録には，過去に手術を受けているかどうかを記載する。どのような手術だったのか，いつ受けたのか，体のどの部位なのかを記載する。成功し問題が解決した手術は，解決しなかった手術と別に記載する。手術を多く受けている場合は，最近のものから順に番号をつける。傷跡はパフォーマンス低下の要因となる可能性があるため，どのようなものも記入する。

現在の健康状態の欄を作成し，現在の問題点や訴え，ケガなどを記載し，また医師によって診断された診断名を記載する。ケガもなく健康なアスリートに生じた可動性の低下や誤った動作パターンには，様々な原因が考えられる。モータートレーニング（motor training）や誤った動作パターンの議論は本書の範囲を超えているが，筋の硬さや，関節の制限，筋膜ラインの制限や痛みにより生じる多くの一般的な問題は，自己評価と管理が可能である。

特定の動作を行うと痛みが生じることがある。時には，硬さや痛みがどこに由来するのかを正確に特定できることがあり，そのような場合には局所的な問題を示していると考えられる。しかし，その部位がより広範であったり，あいまいであったり，いくつかの関節，筋，腱，靱帯に及んでおり，複数の組織にわたる全体的な問題を示す場合もある。完全版 FMA では，何が問題となっているかを評価するために，より詳細なスクリーニングテストを用いる。

以下の質問に回答し，生じている症状について記録する。

1．痛みや硬さはあるか

痛みや硬さがある場合，全身の至る所にあるのか，それとも局所的なものなのかを確認し，タイトネス（筋の短縮）やスティフネス（関節や筋の硬さ），痛みのすべての症状を記載することから始める。その後，最も症状が強い部位を1番，次に症状が強い部位を2番というように，それぞれに番号をつける。個人記録表を完成させ，順位づけをしたら，本章の最後にある完全版 FMA 用紙（図 5.2）の身体図の対応する部位に丸をつけ，中に数字を記入する。丸の中の数字は，その部位の局所的な痛みを表わす。丸をつけた部位の痛みが上下や周囲にもある場合，矢印で方向を示し，不快感がどの程度広がるかを示す。不快感のある部位を正確に視覚的に記録することで，治療の重点をどこに置く必要があるかが明確になり，可動性を獲得するうえで，改善状況の経過を観察する有益な手段となる。

明らかな痛みがある場合や，最近ケガをした場合は，先に進む前に医師の診察を受けるべきである。運動中や運動前後にスティフネスやタイトネスを原因とする不快感だけがある場合には，この評価を続ける。

2．他に痛み，スティフネス，タイトネスとは異なる体の不調を感じるか

たとえば，片方の脚を短く感じたり，実際に短い場合，歩いたり走ったりする時にバランスが悪かったり非対称に感じるだろう。もう1つの例は，走った時に片足がもう片方の足と異なるという感覚である。土踏まずが反対側の足と比べてつぶれているという感覚や，不安定で捻挫しやすいという感覚があるかもしれない。番号をつけた箇所にこれらの観察結果を記録し，また実際にどのように感じるか，それがスポーツパフォーマンスにどのような影響があるのかについても記載する。

ステップ2：姿勢の評価を行う

姿勢を評価するには，下着だけを着用し，鏡に全身を写してみる。第2章では，筋膜の機能と，ストレスと緊張のパターンが姿勢にどのように影響するかについて説明した。筋膜は網（ネット）のように働き，ストレスによって筋膜の整った配列を乱す圧迫力や張力が生じる。このような状態になると，パフォーマンスは低下する。たとえば，背中の片側にタイトネスがあると，ピッチングや，飛び込み動作，体操の動き，バスケットボールのシュートを打つ能力などが低下する可能性がある。これは，非対称的なタイトネスが筋の正常な活性

化パターンを阻害した結果，非効率的な代償運動が生じるためである。代償運動のパターンは，最終的に慢性疼痛症候群を引き起こし，スポーツを長期的に続けることを困難にする。姿勢評価によって，筋膜ネットのどの領域が変化しあるいは捻じれてアライメント不良の原因となっているかがわかるだろう。

　鏡で姿勢評価を行う際，左右差や前後の位置関係，頭部，体幹，下肢のアライメントの非対称性に注意する。理想的なアライメントと比較するのではなく，その身体部位の全身に対する相対的な対称性と，体が伸びて広がった感覚に注意する。体が圧迫されておらず，伸びて広がった外観と感覚は，健康な体の特徴である。健康な体は固体というより液体であり（体の2/3は水分である），非常に可動性が高い。姿勢を観察する際には，細部よりも各部位の明らかな違いに注意を向けるようにする。このような観察を何度も行えば，姿勢のバランス不良をうまく見つけられるようになる。

　本書は，全身の最適な柔軟性を得ることを目的とした筋膜系のストレッチングを主なテーマとしているので，筋膜における制限を特定し取り除く方法を中心に述べる。姿勢や動作の非対称性の原因が筋膜にある場合には，問題を解決するのに役立つだろう。この方法で問題が改善しない場合は，医師の診察を受け，適切な評価が可能な専門家を紹介してもらう必要がある。FMAを4週間ほど実施しても，不良姿勢が原因で体が効率的に動かないと感じるならば，筋膜ストレッチングの資格を持つ専門家へ相談することを勧める。

　三面鏡ではなく，一面だけの鏡で観察する場合には，主に体の正面（前面）に注目することになるだろう。ただし，FMAで前面を評価する場合には，体の3次元の姿を想像し，身体図に他の面についても記録するよう最善を尽くすべきである。たとえば，右肩が左より低い場合，すべての面（前面，側面，後面）で右肩が低いことを記載する。

頭　部

　顎は首の一番下にある窪みのラインの上にあるだろうか，それとも片側に回旋しているだろうか。片方の耳が低く，頭部が少し傾いているだろうか。観察できるすべての非対称性と不均衡を記載する。これらの徴候は，特に関節や靱帯，筋膜組織のタイトネスによるものであるかもしれない。頭部の位置が重要である理由の1つは，眼球が非対称性に順応するために眼窩内で回転することである。これは鞭打ちや，頭部や頚部のケガの後によく起こる。また，頭部の位置が悪いのは，習慣的な姿勢のせいかもしれない。多くの人は，1日中コンピュータを使用することで，姿勢が悪くなる。1日中コンピュータの前に座り，画面を覗き込んでいるため，背中が丸まり，頭部が前に突き出る。このように頭部が前に位置すると，頚部の下部は過度に屈曲し，上部は過伸展することで，頚部に剪断力が生じる。最終的には眼球が下向きになる（鼻を見下ろす）代償運動が起こる。体中の筋を直接活性化させる目から生じる反射的な動きは多い。目と頭部の位置関係が変化すると，他の身体部位にも波及効果があるだろう。この波及効果は，運動中に新たな代償動作を生じ，筋膜系に過剰なストレスや張力を加えることから，やがて別の問題を生じることになる。

このような例として，頭部がやや右に回旋した右利きのゴルファーの例を示す。彼女の目は，頭部の右回旋に対し自然に応答して左に回旋する。ボールを打つ際，頭部はバックスイング中に体のその他の部位に対し相対的に左回旋した位置を保つことができない状態を代償するために，他の部位で調節をしなければならない。実際，彼女がボールを打つ際に理想的なポジションを獲得することは不可能であり，その結果理想的なフォームの代わりに力任せのスイングとなる。これは柔軟性が低下している主な徴候である。私たちはこのような症例を多くみてきた。

肩関節

両側の鎖骨は水平に並んでいるか，それとも両側の（または片側の）鎖骨の角度が上を向いたり下を向いたりしているか。片側の肩の位置は，もう片方の位置よりも高いか，低いか。一方の肩が反対側の肩より前方にシフトしているようにみえるか。観察により違いを記載する。

正面から評価すると，右利きの人では左肩よりも右肩が下がっていることがほとんどである。多くの人が，このアライメント不良があっても明らかな問題や痛みを訴えないので，これを正常な状態とするかどうか多方面の専門家が議論している。

もちろん，完璧で理想的な姿勢はない。人の体の形は様々である。それでも，一方の肩が他方より硬いか，低いか，水平線より大きくずれているかなどを観察することは役に立つ。静的な評価で観察された左右差は，後で行う動的な評価で問題となっている側を動かすことで確認できるだろう。

臨床上よくみかけるのは，アスリートの利き腕の肩が下がっているだけでなく，非利き腕の側よりも前方に偏位していることである。このようなアライメントは，前に位置した肩が頚部の構造を引き込み，牽引するので，頚部の不良アライメントにつながり，さらに神経や椎間板の刺激に関与する可能性がある。長期的な障害になる前に，この種の問題を予防する方がよいだろう。

肋 骨

胸郭が正中にあるか，それとも左右のどちらかに偏位しているか。片側の胸郭がもう片方よりも突出しているか。片側の胸郭の偏位や回旋は，頭部の非対称的な位置と類似した影響がある。バットやラケットのスイングなど，胸郭を反対側に制限なく動かす必要がある競技動作を行う場合，動きに対してある種の抵抗を感じるだろう。非効率的で最終的には受傷の恐れのある動きを体に強制するか，あるいは代償のある動きによるパフォーマンスを余儀なくされるだろう。時間がたてば，スイングなどの動きに順応することはできるが，体にストレスをかけることになる。薬を服用しても，このような非効率的で代償的な動きを繰り返すたびに，体に蓄積したダメージをごまかすだけである。

骨　盤

　手のひらを床に向け，指を前に向けた状態で，手を腸骨稜にもっていく。片側の骨盤がもう片方よりも高い位置にあるだろうか。その場合は，片脚が長くなっているかもしれない（機能的脚長差）。つまり，筋膜のタイトネスのためにもう一方の脚が短くなっている。この状態の一般的な原因の1つは腰方形筋である。腰方形筋は下位の肋骨と腸骨稜を走行する腰部の筋であり，腰椎のほとんどの部位に付着する。硬くなることで機能的に脚を短くする別の筋として，腰筋（大腰筋，小腰筋）という深層筋がある。腰筋は姿勢をコントロールする筋の1つで，第12胸椎とすべての腰椎から起始し，股関節上を走行して大腿骨の小転子に停止する。脚長差は，走ったり，滑ったり，ジャンプしたり，脚を動かすスポーツを行ううえで問題を引き起こす可能性がある。首，肩，腰，股関節，膝，足首，足の痛みや運動の機能不全は，すべて機能的脚長差が原因となりうる。問題の誘因を突き止めることができれば，それを修正する計画を立案することが可能となる。

股関節

　鏡を見て，膝と足の位置を観察することで，股関節の柔軟性について多くのことを迅速に推測することができる。この領域の評価については後で詳しく説明するが，ここでは股関節との関連性について説明する。

　私たちが一般的に硬い股関節として観察するのは，片側または両側の膝と足が外側に向いている場合である。正常と考えられるリラックスした足の位置は，つま先がわずかに外側を向く程度で，一般的に膝蓋骨は真正面に位置する。正常な場合よりも硬い股関節では，膝とつま先が正常な位置よりもかなり外向きとなる。したがって，歩行やランニング，ランジ動作の動きが非効率的となり，スピードやパワーが低下し，受傷のリスクが増大する。膝蓋骨と足の位置に注意し，深層の股関節外旋筋（大殿筋の下層にある筋）の硬さと関連しているかを評価する。

膝関節

　膝蓋骨を観察する。足を股関節の真下に位置させ，つま先が自然にわずかに外を向いた場合，膝蓋骨が正面を向いているのが正常である。片側（または両側）の膝蓋骨が内側や外側に向いていないだろうか。両側の膝が内側を向いて，場合によっては両膝がぶつかっていたり（外反膝），両膝が外側を向いていたり（内反膝），あるいは片側の膝だけそのようになっているだろうか。膝が過伸展しているか（反張膝），あるいはわずかに屈曲しているだろうか。膝がどのような状態であるかをFMAに記録する。

　膝関節の位置やアライメントは，どのように生まれたか，股関節と足のアーチの形状や機能，動きにおける足の位置などの影響を受ける。膝関節が不良なアライメントで機能しなければならない場合，原因が何であれ，受傷しやすくなる。膝関節を安定させる靱帯は，不良なアライメントにより繰り返される負荷の下で機能しなければならない場合，捻挫や損傷に

対して脆弱である。たとえば，前十字靱帯であれば，アスリートが過去に何度も安全に行ってきた動作でも，完全断裂することがある。

足　部
　足の向きを上から見た場合に，両足が平行かわずかにつま先が外を向いた状態で立っているかどうかを確認する。つま先の角度で明らかに左右差があり，極端につま先が内や外を向いている場合は，何回か足踏みをして，変化があるかどうか再度確認する。足踏み後に足の位置に変化があった場合は，おそらく元々の立位姿勢がバランスのとれていない状態だったと考えられる。足踏み後に同じ位置に立っていれば，普段どのように立っているかという信頼できる指標と考えることができる。片側の足（または両側の足）は正中線より内または外を向いているか。アーチはどのように見えるか。扁平足か，あるいはアーチが高すぎて足の外側で体重を支えていないか。

　足の自然な位置は，膝や股関節にどのような種類のストレスや負荷が存在するかを示す良い指標である。アーチが低く床に触れる状態（回内足）で，私たちのシステムを試しても問題が残っている場合は，足の専門医を受診することを勧める。逆に，少数派のハイアーチ（回外足）が問題の場合は，適切な運動靴についてアドバイスできる専門家にみてもらうべきである。どちらの場合でも，足の正常な構造が正しく機能すれば，その他の部位の構造的バランスと機能は自動的に改善する。

　最後は，目を閉じて，どのように立っているかを感じる。両足に均等に体重がかかっているように感じるか，あるいは一方に偏っていないだろうか。踵や足趾の付け根に荷重が偏っていることがある（あるいは，片側の足にだけ偏っているかもしれない）。立っている際の感覚がよければ，頭からつま先までの体の異常を感じ取り，緊張，タイトネス，または痛みの部位を認識できる。これらを，どこに感じるか図表に印をつけ，記載する。これは，体がどのように見え，感じられ，機能しているかを見直す手段として最適な出発点である。

ステップ3：動作の評価を行う
　身体的な経過と症状（ステップ1），姿勢（ステップ2）を記録したので，次に簡単な動作パターンと，特定の筋膜ネットの動きを評価する。可動域が不足しているために単純な動きを正しく行うことができなかったり，痛みがある場合は，スポーツやフィットネストレーニングの中で行うような無理のかかる複雑な動きは問題となるだろう。たとえば，野球の投手が肩の外旋や外転の制限がある状態でトレーニングを行えば，必ず生じる代償運動により，肩や肘だけでなく他の部位の重大なケガにもつながる。最初の評価で体のバランス不良を認めない場合でも，トレーニング，試合や競技の後に体の偏りが生じていないか，その都度再評価することが勧められる。

　評価を始める前に，理想的な姿勢がないのと同様に，理想的な可動性というものもないことに留意する必要がある。しかし，どのような動作が「正常」であるかという基準が必要で

ある。私たちがクライアントにいっているのは，私たちがパーソナルケアのために日常的に行う動作は，痛みを伴わず努力なく行えるべきだということである。「痛みがない」ことについては説明の必要はないが，「努力なく行える」というのは動作が容易で滑らかであることを意味する。これを競技動作に応用することも可能である。競技動作を行うには普段よりパワーが必要だとしても，十分にウォームアップしてからであれば，負荷なしでジャンプ，プッシュ動作，プル動作，スプリントなどを何回か行うことは，痛みや制限，筋力低下などを伴わず，比較的楽に行えると感じるだろう。これがその選手の基準となる正常な状態であり，それ以外の場合は問題になる前に自己評価を行って組織内の問題を特定し，解決する必要があることを示す。ストレッチングや動作パターンの修正が必要な場合は，そこから開始するのがよいだろう。詳細については，本章の後半で説明する。

　この評価の際に動作を行う場合は，呼吸を止めてはいけない。呼吸を止めていることに気づけば，呼吸を止めさせる何らかの制限があるかどうかを判断する必要がある。滑らかな動作というのは，緊張や不安定性，ポップ音，破裂音などの徴候なく行える。動作が最適なものではないことを示すこれらの徴候を無視することに，多くの人が慣れてしまっている。このような構造的なバランス不良の徴候を何年も無視すれば，腱炎や滑液包炎，変形性関節症などのより深刻で慢性的な問題に発展し，問題は複雑化する。これらの問題はすべて，一般の人よりも若い年齢で，プロスポーツ選手に生じることが多い。

　最適な可動性は，各スポーツで必要な動作に左右される部分が大きい。スポーツによっては，ある部位に過度な可動性があることが有利になるかもしれない。たとえば，平泳ぎの選手が，最も効率的なキックのために膝の過可動性があることが有利に働く。しかし，この可動性はプールでは効率よく機能するかもしれないが，膝の安定性を維持できなければ，関節の機能が低下し，水泳をやめざるをえなくなり，その後も生涯続く重大な問題を引き起こす可能性がある。その活動に適した可動性を得る必要がある。コーチやトレーナーと率直な議論を行うことで，そのスポーツに適した可動性について判断することができるだろう。その後，完全版FMAを使用することで，可動性の問題が重大になる前に，その潜在的な原因を特定することができる。動作の評価には，機能的動作チェックと筋膜可動性チェックの2つのパートがある。

機能的動作チェック

　動作を評価する最善の方法の1つは，スポーツやフィットネスの活動としてウォームアップを行う際の感覚を評価することである。力強さや安定性，ダイナミックに動く感覚があり，体の不快感や抵抗感（タイトネスやスティフネス）がない時は，技術練習，高度な動作やスポーツに取り組む準備ができている。以下は，ウォームアップ中に感じるかもしれない，修正が必要となるバランス不良の例である。

- スティフネス

- 協調性の低下
- タイトネス
- 緩慢さ
- 可動性低下
- 重さ
- バランスの低下

ウォームアップの後に，バランス不良を感じる体の部位をリストアップする。本来であれば，力強さ，可動性，俊敏性，スピード，協調性，バランスが感じられるべきである。バランス不良の例としては，ランジ動作や足を高く上げたジョギング，短距離走，キック，パンチなどの動作を行う際に，片側に反対側よりも動きづらさや緩慢さ，体の重さを感じることがある。

さらに，いつも行う準備運動のトレーニング種目の中で，満足のいく進歩がなかったり，頭打ちの状態であったり，課題を克服できなかったり，最適なパフォーマンスを発揮できていなかったりするものをリストアップする。例としては，ウエイトトレーニングでの特定の持ち上げ動作（特に左右の比較が可能な場合），または準備運動を仕上げるために行う他の活動などである。片側または両側の筋力低下や可動性の制限，フォームの崩れは，リストアップすべきバランス不良の例である。

最後に，練習やトレーニングのクールダウンの後に，体のどの部位に張りや硬さ，痛み，弱さを感じるかを記載する。これらの感覚は，パフォーマンスに悪影響を及ぼし，ケガを引き起こす可能性のある問題を示唆している。

筋膜可動性チェック

筋膜可動性チェックは，動作を行いながら体の結合組織系を評価する。各筋膜ネットの基本的なストレッチ動作は第6章で示す。

どの筋膜ネットをチェックすればよいだろうか。機能的動作チェックを行ったら，第2章の図2.2〜2.11（p.22〜32）を使用して，制限を感じるネットを特定する。介入する必要がある筋膜ネットが明らかになれば，第6章でそのネットの具体的なストレッチングを探す。

機能的動作チェックで制限がなかった場合は，第6章を参照して筋膜ネットの制限を評価できる。表5.1（p.80）のパラメータにより「修復と修正」のストレッチングプログラムを行い，それから動作の再評価を行う。可動性の改善を認めた場合は，「回復と維持」のプログラムを行う。

最後に，試合や競技会などのイベントで問題や課題が生じる動作を1つ以上，常に評価する。動作の問題の中には，実際の競技の中で生じる予測不可能なこと，パワーや勢いがなければ再現が難しいものがあるからである。

機能的動作チェックの例の中に，組織の問題の原因と解決策を見出すことができるだろう。ステップ3で可動性が大幅に改善しない場合のみ，ステップ4に進むこと。改善した場合は，ステップ5に進む。

ステップ4：軟部組織の評価を行う

ステップ3では，可動性を制限している筋膜ネットを特定した。このステップでは，筋腱移行部に対するセルフ筋膜リリースの方がより早く効果的に可動性を改善させるかどうかを評価する。もしそうであれば，ストレッチングの前にセルフ筋膜リリースを行うことを勧める。そうでない場合は，ステップ4を省略し，直接ステップ5に進む。第2章でフロントネットについて説明したように，セルフ筋膜リリースを使用して軟部組織の局所的な制限を解消することができる。そうすることで，より効果的にストレッチ動作を行うことができる。本書では，最も早く良い結果が得られるテクニックの1つとして，筋腱領域に対するセルフ筋膜リリースだけを説明する。その他のセルフ筋膜リリーステクニックについては，このトピックに特化した書籍やビデオを参照してほしい。

癒着や肥厚，トリガーポイントなどの筋膜の可動性の制限については，第2章で詳しく説明した。これらの局所的な制限は，筋腱領域を含む軟部組織のほとんどの部位でよくみられる。セルフ筋膜リリースを使えば，この問題を解決するか軽減することが可能である。次に進む前に，第2章の筋膜可動性ブロックの項（p.33）を再確認するよう勧める。

セルフ筋膜リリーステスト

ゴルジ腱器官は腱にあるセンサーであるが，その詳細はまだよく解明されていない。私たちの経験では，適切な圧力でゴルジ腱器官を刺激することで，筋をリリースしてリラックスさせ，隣接する筋膜や関節の可動性を改善できる。ストレッチングや他のトレーニングで可動域制限をすべて解決できない場合は，この目的のために設計されたボールやローラーのような，やや硬い物の上または下に，優しく非常にゆっくりと筋腱領域を位置させる。セルフ筋膜リリースやそれに類似した方法（軟部組織を緩めたり，転がしたり，つぶすような方法）をすでに行っている場合は，そのテクニックをステップ3で動作の制限があるとして特定した筋腱領域に使用する。

筋膜ネットの筋腱領域でセルフ筋膜リリースを行うための基本的な手順は以下の通りである。

- 図5.1a〜eを使用し，ステップ3の筋膜可動性チェックで制限があると特定された筋膜ネットを確認する。
- 図に示された筋腱領域を確認し，その部位でセルフ筋膜リリースを行う。
    - 骨に付着しているところで腱を圧迫する。その後，筋に向かって骨から約2.5〜5cmほどゆっくりと優しく移動する。反対側の付着部も同様の手順で行うか，図に示した領域に対して行う。

第 5 章　柔軟性の評価

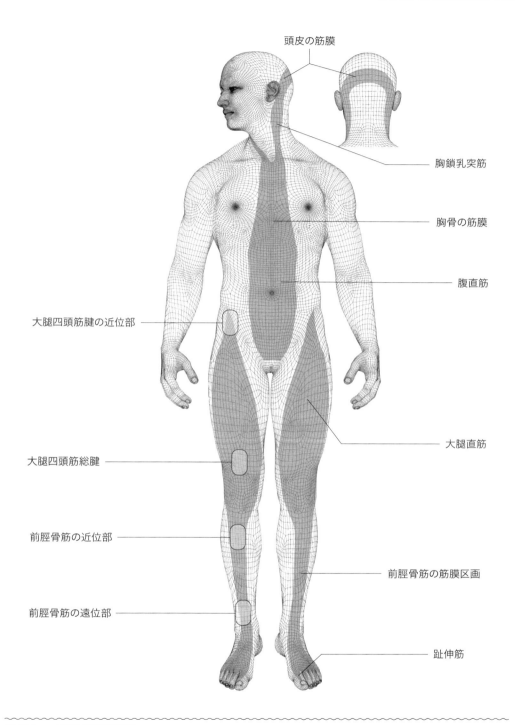

図 5.1a　表在の筋腱領域

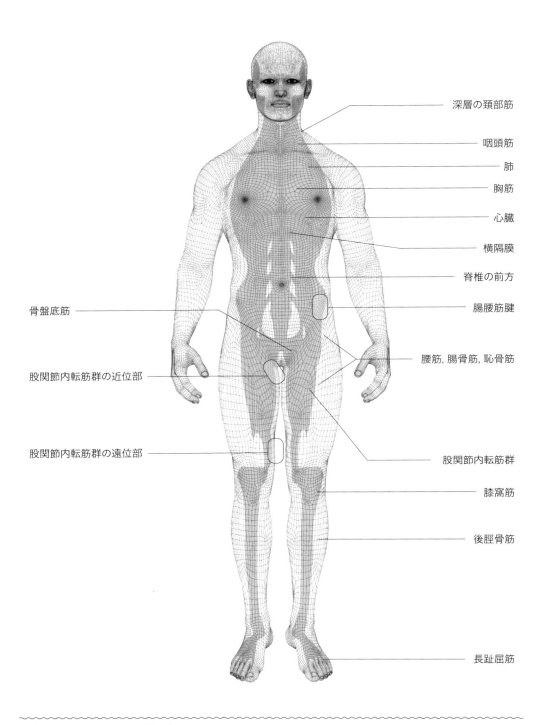

図 5.1b 深部腹側の筋腱領域

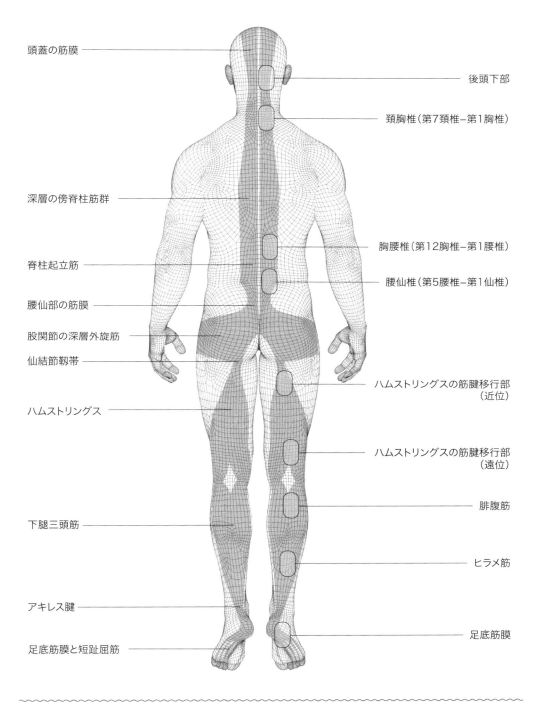

図 5.1c　背側の筋腱領域

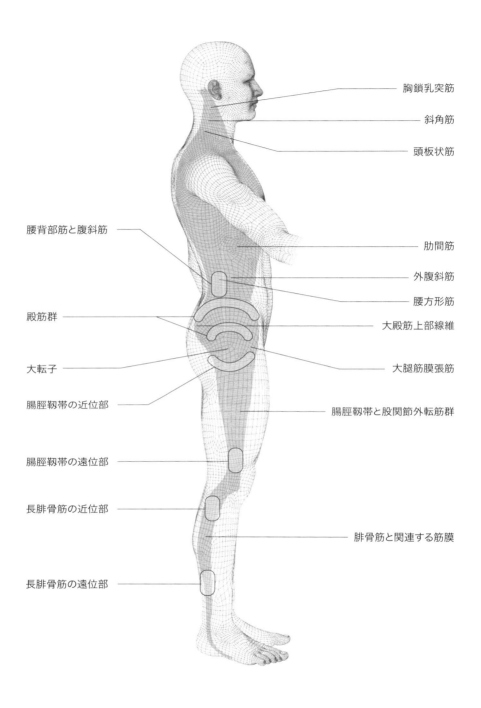

図 5.1d 外側の筋腱領域

第 5 章　柔軟性の評価

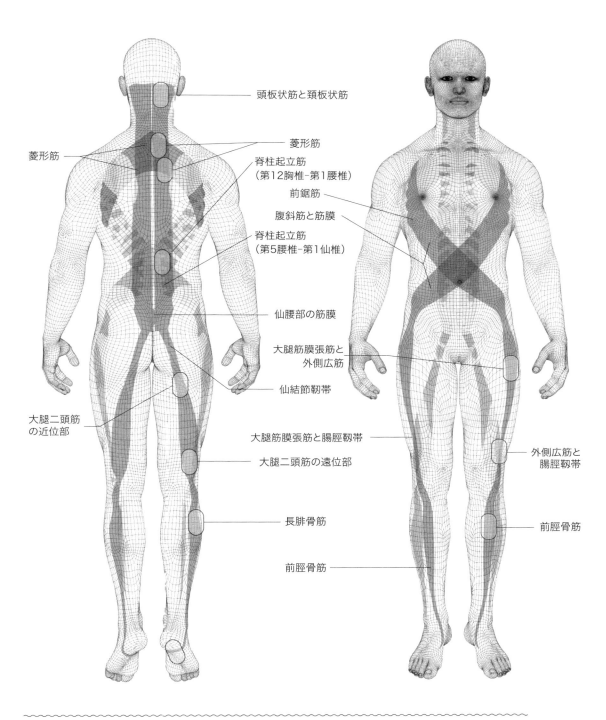

図 5.1e　深部の筋腱領域

完全版 FMA

－圧迫によって組織が溶けていくことを想像しながら，深呼吸をゆっくりと3回行う。圧迫が深すぎたり長すぎたりすることにより痛みが生じないようにする。
- ステップ3の筋膜可動性チェックを再度行う。
- セルフ筋膜リリースを行った後に改善した筋膜ネットを記録する。

セルフ筋膜リリースの使用上の注意と禁忌

　セルフ筋膜リリースの評価にはいくつかの禁忌がある。抗凝固療法を受けている場合は，ボール，ローラーなどのツールを使用してはいけない。悪性腫瘍，骨粗鬆症，骨髄炎，急性関節リウマチ，炎症状態，全身または局所の感染，感受性の高い糖尿病，循環状態に問題のある場合（浮腫，血腫，血圧に関する問題など），開放創，縫合部位，骨折があったり，皮膚が過敏な状態にある場合も同様である。また，これは非常に強力で激しい方法にもなりうることに注意が必要である。めまいや軽い頭痛，吐き気を感じた場合は，ただちに中止する。

　次の部位には，圧力をかけるためにボールを使用してはいけない。尾骨，下位肋骨の11番目と12番目（浮遊肋骨，腰部中央から両側の骨盤の上に沿って伸びている），胸骨の下端から恥骨までの腹部と，骨盤の上方から肋骨の下方までの側腹部，生殖領域，頚部，またそれ以外にも圧迫に耐えられない敏感な領域である。

　セルフ筋膜リリースを初めて実施する場合は，慎重に行う。あまりにも強い圧迫を行うと，組織が壊れ，損傷や瘢痕組織が生じる原因になる。セルフ筋膜リリースをしばらく行っても，同じ制限や痛みが持続する場合は，原因ではなく症状を治療していることになる。本章以降の評価と治療の方法にしたがうことで，問題の解決策を見出す必要がある。

ステップ5：結果を検討する

　次の順序で結果を検討すると，評価結果の関連性の解釈が容易になる。

1. 身体図を確認する。
2. 可動性の制限を感じた筋膜ネットを確認する。ステップ3の動作の評価またはステップ4のセルフ筋膜リリーステストで特定されたものと関連しているか。関連していないかもしれないが，筋膜ネットの中に問題があるので，対処すべき重要な要素であることに変わりはない。問題のある筋膜ネットは，動作パターンの誤りや制限を生じる主要な部位である可能性が高い。
3. 動作の評価の結果を確認する。
4. セルフ筋膜リリーステストを実施した場合，評価した動作と組織との関連性を確認する。
5. 姿勢評価の結果を確認する。
6. 姿勢，動作，組織の評価の関連性を確認する。たとえば，1日中座位でいることと，頭部前方位姿勢や骨盤の前傾，フロントネットの可動性が制限されていること，股関

節屈筋群の硬さと関連があるだろうか。
7. 運動によって生じる，あるいは運動に関係なく生じる，スポーツのパフォーマンスやフィットネスに悪影響を与える問題点を列挙する。
8. 可動性が低下した原因と，前の項目との間の関連性を確認する。

これらの所見をまとめて検討すると，姿勢や動作，組織の状態，最適ではない運動のパフォーマンスの関連性が明らかになる場合がある。たとえば，仕事で長時間のデスクワークを行うマラソンやトライアスロンの選手は，長時間の座位による不良な屈曲優位の姿勢，フロントネットの硬さや制限，バックネットの弱さ，ラテラルネットやパワーネットにおける左右の不均衡の関連性がわかるかもしれない。このような情報から，計画を立てることが可能である。

ステップ6：計画を立てる

ステップ5でまとめて検討したデータをもとに，フィットネスやパフォーマンスにおける可動性を修正し，適切な状態に維持するための計画を立てることができる。表5.1は，以下の3つのプログラムに分類される。

準備のストレッチングプログラム
- トレーニングや競技会の前に行う。
- 動的な動作を使って行う準備運動の直前に行う。

回復と維持のストレッチングプログラム
- トレーニングの後に行う。
- 競技会の後に行う。

修復と修正のストレッチングプログラム
- 回復と維持のプログラムで可動域が改善しない場合にいつでも行う。
- ケガや手術から復帰した後やリハビリテーションの後に行う（医学的に問題がない場合）。
- 可動性や筋力，バランスなどの不均衡を修正するために行う。

表5.1　セルフストレッチングプログラムのパラメータ

ストレッチングプログラム	方法	テンポ	強度	持続時間	反復回数	セット数	頻度	注意点
準備	SWF	適度に速く	軽度から中等度	速い呼吸を1，2回行う間	3回	1	トレーニング前	・必要に応じてパラメータを調整する ・反復回数とセット数は片側または全身に対して ・その日の体の必要性に応じてプログラムを調整する ・セルフストレッチングは7章，アシステッドストレッチングは8章を参照
回復と維持	SWS	適度にゆっくり	中等度	ゆっくりとした呼吸を2回行う間	3回またはそれ以上可動性の改善が得られなくなるまで	1	トレーニング後	・必要に応じてパラメータを調整する ・反復回数とセット数は片側または全身に対して ・その日の体の必要性に応じてプログラムを調整する ・セルフストレッチングは6章，アシステッドストレッチングは8章を参照
修復と修正	SWVS	非常にゆっくり	中等度	非常にゆっくりとした呼吸を3回行う間	3回またはそれ以上可動性の改善が得られなくなるまで	1	機能的な可動性の目標が達成されるまで毎日	・反復回数とセット数は体の各部位に対して ・その日の体の必要性に応じてプログラムを調整する ・ストレッチングで痛みが増す場合，同じまたは隣接する筋膜ネットの他の部位をストレッチしてから，再評価する ・ストレッチングで圧痛が増す場合，すべてのパラメータを減らし，より愛護的に動かしてから再評価する

SWF：ストレッチウェーブ・ファスト，SWS：ストレッチウェーブ・スロー，SWVS：ストレッチウェーブ・ベリースロー

完全版FMA：マリアのケース

　完全版FMAがアスリートにどのように役立つかを示した例である。マリアは48歳の会社員（広報の責任者）で，週6日トライアスロンを練習している。以下は，最初に行った完全版FMAの大まかな結果である。

ステップ1：個人記録を作成する
- 症状：頚部痛と 15 km 走った後の右膝関節の痛み，右股関節の痛み，腰部の硬さ．
- 徴候：仕事でパソコンを使っている時に，頭部が前方に位置していること（頭部前方位姿勢）に気づく．パソコンを使う時は，右脚を上にして脚を組むことが多い．
- その他の重要な既往：練習と仕事のために，睡眠時間は 4〜5 時間である．10 年前に無月経と診断された．

ステップ2：姿勢の評価を行う
- 頭部が前方に位置している．
- 右肩が上がっている．
- 右腕が内側に回旋している．
- 右膝が少し内側を向いている．

ステップ3：動作の評価を行う
- トレーニングにおける最も不良な機能的動作：スクワット動作で右膝が内側に移動する．
- 最も不良なスポーツ動作：水泳のコーチからは，泳ぎ始めて 20 分後に右腕のストロークとキックが乱れ始めるといわれている．足関節の過度な回内を予防するランニングシューズを着用しているが，ランニングのコーチからは，右膝が内側に倒れる傾向にあるといわれている．これは，走行距離が増すと悪化する．
- 筋膜ネットの評価結果（第6章）：右ラテラルネット，右フロントネットの股関節部，右アームネットに制限がある．

ステップ4：軟部組織の評価を行う
- 頚部，右肩（左にもあるが右の方が多い），右股関節の右大腿近位内側部，両側の下腿三頭筋と足部に複数のトリガーポイント，肥厚，癒着を認めた．
- セルフ筋膜リリース後の筋膜ネットの評価は，ストレッチング後よりも改善していた．

ステップ5：結果を検討する
- 症状：頚部，右膝，右股関節の慢性疼痛，腰部の硬さ
- 姿勢：立位姿勢と職場での機能的姿勢の不良
- 動作：スクワットとランニングで右膝が不安定である．水泳のフォームを維持するための動的安定性と持久性が不足している．ラテラルネットとフロントネットをストレッチすると，筋膜ネットの可動性は改善した．
- 軟部組織：全身に複数のトリガーポイントなどの制限がある．セルフ筋膜リリース後に筋膜の可動性は著明に改善した．

ステップ6：計画を立てる

　マリアは1日中デスクワークを行った後に，トライアスロンの競技者として集中的な持久力トレーニングを頻繁に行っているので，仕事中の姿勢やポジショニングを改善できれば大きな助けになるだろう。以前は姿勢やポジショニングに注意を向けることはなかったが，本章の内容を学んだ後，痛みやパフォーマンスの低下につながる誤ったことをトレーニングの中で行っている可能性があることを，十分に認識している。最も関連のある問題の1つとして，スクワットでしゃがむ時に右膝が内側へ崩れることが挙げられる。ランニングコーチも，長距離走で膝関節が少し内側に崩れることを指摘している。現在，彼女は意識がより高くなり，問題が生じた際に実際に感じ取ることが可能となっているが，以前はトレーニングで誰もが感じる「筋や節々の痛み」であると思い込んでいた。マリアは以下のような計画を立てた。

- 1時間ごとに姿勢を確認するように（まっすぐ座っているか，脚を組んでいないか，肩が斜めになっていないか，首がまっすぐになっているかなど），コンピュータとスマートフォンにリマインダー（設定した日時にメッセージを表示したりメールを送る機能）をインストールした。
- 椅子の高さとコンピュータの画面の角度を調整することができるように，新しい椅子とデスクを手に入れた。
- ストレッチ・トゥ・ウィンプログラムを始めた。セルフ筋膜リリースを行った後，表5.1の「修復と修正」プログラムのパラメータを使い，右ラテラルネット，右股関節のフロントネット，アームネットのストレッチングを行った。すべての部位の痛みは1週間で改善した。不良な機能的動作は1週間後には改善したので，第6章のグレイト8を開始した。現在では「回復と維持」プログラムのパラメータを使っている。

　本章では，スポーツやフィットネスを継続的に行うための最も重要な評価技術の1つを紹介した。まず，多くのアスリートがトレーニングやスポーツにおける問題をすばやく解決するのに役立つ，簡易版FMAの方法を紹介した。次に，より多くの問題がある場合に，姿勢と動作のバランス不良を詳細に評価する完全版FMAを紹介した。ストレッチングプログラムについては次章以降で詳細に解説する。第6章は各筋膜ネットのストレッチング，第7章はスポーツ用の筋膜ストレッチング，第8章は補助者による筋膜ストレッチングの方法である。ストレッチングプログラムを選択したら，目標にしたがって表5.1のパラメータを選択する。理論，科学，原則，評価についてはすでに述べたので，以降の章では具体的なストレッチングプログラムについて述べる。

　ストレッチングプログラムを行ううえで参考にするため，図5.2を使用して評価結果を記録しよう。自分自身のためだけでなく，今後治療や指導を行う専門家に示すためにも，経過の記録としてこれらの用紙を保管するとよい。

完全版筋膜可動性評価（完全版 FMA）

氏名 _____　　　日付 _____

1. 個人記録
以下の質問に対する答えを記載し，また身体図にも記入してください。

　a. どのような問題がありますか（痛み，可動性の低下など）。それは動作時だけですか，それとも安静時にも問題がありますか。

　b. 過去に経験したケガ，手術など，身体的な問題を記載してください。複数ある場合は，最近のものから順に記載してください。

　c. 現在の健康上の問題，ケガ，医師の診断などを記載してください。

図 5.2 完全版 FMA 用紙
中丸宏二，小山貴之 監訳：ストレッチ・トゥ・ウィンースポーツパフォーマンス向上のための柔軟性プログラムー，2019，ナップ（A. Frederick and C. Frederick, 2017, Stretch to win, 2nd ed. Champaign, IL: Human Kinetics）より。

ストレッチ・トゥ・ウィン

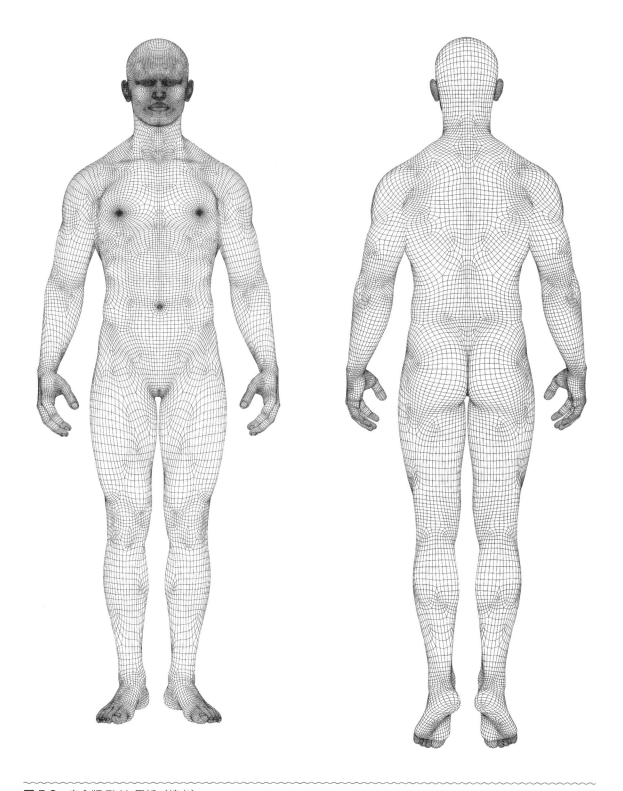

図 5.2 完全版 FMA 用紙（続き）
中丸宏二，小山貴之 監訳：ストレッチ・トゥ・ウィンースポーツパフォーマンス向上のための柔軟性プログラムー, 2019, ナップ（A. Frederick and C. Frederick, 2017, Stretch to win, 2nd ed. Champaign, IL: Human Kinetics）より。

第 5 章　柔軟性の評価

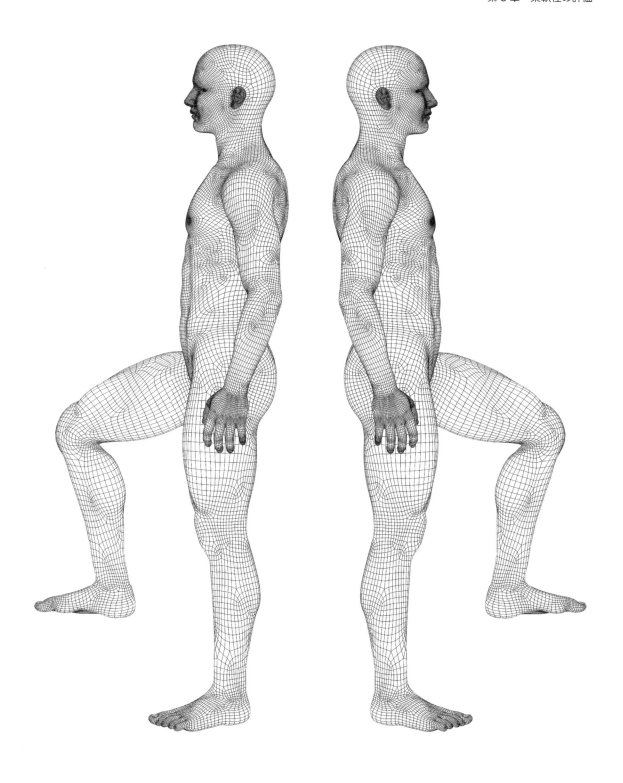

図 5.2　完全版 FMA 用紙（続き）
中丸宏二, 小山貴之 監訳：ストレッチ・トゥ・ウィン─スポーツパフォーマンス向上のための柔軟性プログラム─, 2019, ナップ（A. Frederick and C. Frederick, 2017, Stretch to win, 2nd ed. Champaign, IL: Human Kinetics）より。

2. 姿勢の評価

観察からわかった，あるいは指摘された，アライメントが乱れている部位をすべて，身体図上に印をつけてください（例：肩下がり，骨盤の挙上，足部の回旋）。

3. 動作の評価

a. 機能的動作チェック

問題がある部位に丸印をつけてください。動きづらかったり，弱い感じがある，あるいは痛みが出る動作の方向を，身体図に矢印で示してください。動作による痛み，炎症による痛み，硬さ，または制限があるかどうか，どのように感じるかを自由に記載してください。

全体的なウォームアップ

特定のウォームアップ

特定のスポーツ動作

特定のトレーニング動作

b. 筋膜可動性チェック

第2章（図2.2〜2.11）を参照し，身体図上に印をつけた場所がどの筋膜ネットか見つけてください。それから，第6章を参照して，該当するストレッチングを見つけてください。表5.1の「修復と修正」のストレッチングプログラムに従い，該当するストレッチングを行ってください。次に，動作の問題を再評価してください。あまり改善しない場合は，ステップ4に進みます。著明な改善を認めた場合は，ステップ4を省略し，ステップ5に進んでください。

図 5.2 完全版FMA用紙（続き）

中丸宏二，小山貴之 監訳：ストレッチ・トゥ・ウィンースポーツパフォーマンス向上のための柔軟性プログラムー，2019，ナップ（A. Frederick and C. Frederick, 2017, Stretch to win, 2nd ed. Champaign, IL: Human Kinetics）より。

4. 軟部組織の評価
　問題が特定されている筋膜ネットの腱にセルフ筋膜リリースを行ってください（腱の位置については図 5.1a～e を参照）。その後，ステップ 3 で問題のあった動作を再評価してください。改善した場合は，下の空欄に記載し，すべての該当するネットが改善してからステップ 5 に進んでください。変化がない場合，または悪化している場合は，そこに印をつけて次のステップに進んでください。

5. 結果の検討
　すべての評価結果を検討し，問題点に関連性があるかどうか記録してください（例：すべての問題点が左側のディープ・フロントネットにあるなど）。

6. 計　画
　動作の問題，制限，または全体的な可動性を修正するために，上記の評価結果に基づいて，次のプログラムのいずれかを選択してください（1 つに丸をつける）。

　準備のプログラム

　回復と維持のプログラム

　修復と修正のプログラム

図 5.2　完全版 FMA 用紙（続き）
中丸宏二，小山貴之 監訳：ストレッチ・トゥ・ウィン―スポーツパフォーマンス向上のための柔軟性プログラム―，2019，ナップ（A. Frederick and C. Frederick, 2017, Stretch to win, 2nd ed. Champaign, IL: Human Kinetics）より。

6.
基礎的な可動性のためのストレッチング

　これまでの章でも述べたことだが，**可動性（mobility）** とは動きに制限がないことを指す。スポーツで求められる非常に高いレベルの機能的動作に対応するためには，最適な可動性，安定性，筋力，パワー，スピードなどが必要である。可動性が最適でなければ，十分な筋力，パワー，スピードを得ることはできない。

　体全体は筋膜による張力ネットワークでつながっている。体に張力が加わっていることが正常であり，この張力が平衡状態にあれば通常は何も感じない。筋膜ネットワーク（ネット）に毎日適切な可動性があるならば，張力の平衡状態を保つことができる。活動性が低下すると，体が硬くなって痛みを感じ，ストレッチして動かしたくなるだろう。反対に，活動性が過剰になったり，激しいトレーニングや試合が続いたりしても，体は硬くなって痛みを感じ，ストレッチして休みたくなるだろう。この原因は何だろうか。シンプルな答えは，筋膜ネットの張力が増加したことによる圧迫が原因である。組織が圧迫されると，体液の物質交換が減少し，酸素や栄養の摂取，老廃物の排出などが減少してしまう。圧迫が長期間持続すれば，組織は短縮し肥厚して弾性が低下し，可動性が低下した組織を代償するために隣接する組織に過剰な負荷が加わり，損傷する。

　この圧迫によって痛みや硬さを感じるようになり，最悪の場合は痛みだけでなく筋力や競技パフォーマンスの低下を招くことになる。このような状態は，あらゆるスポーツですべてのアスリートに起こりうることで，コアが最初に影響を受けることになる。コアに問題が生じると，全身に悪影響を及ぼす。だからこそ私たちは，アスリートのコアや他の部位の可動性を改善し，修正し，保持し，回復させるためのストレッチングを行っているのである。本章で解説する**グレイト8（Great 8）ストレッチ**は，誰にでも役立つ可動性プログラムである。

〜 可動性を最適にするために原則にしたがう 〜

　実際のストレッチングテクニックについて解説する前に，第1章で述べた私たちのシステムの原則について再確認しよう。ストレッチングに，これらの原則を当てはめて用いるようにする。

　まず，個々の筋は，体全体につながる構造の一部であることを思い出そう。ストレッチングを行う際には，これらの構造全体に対処する必要がある。筋以外の構造についても考慮し，筋につながっている3次元の筋膜ネットをイメージしてストレッチする（第1章，原則5参照）。ここでこの原則について繰り返すのは，大部分のストレッチングプログラムが十分な効果を得られないのは，可動域を制限するすべての要素に対処していないことが原因だからである。体は，結合組織がすべての要素をつなぐ統合されたシステムである。潜在的な真の可動性を引き出すためには，このことを理解しておかなければならない。

　体の中の組織（骨，筋，靱帯など）で，腹直筋以外に線形のものはほとんどない。大部分の組織には，3次元の運動に対応するために様々な角度，捻転，弯曲がある。しかしアスリートの多くは，一方向あるいは一平面上の動きだけのストレッチングを行っている。筋や筋膜の可動性を最大限にするためには，回旋，らせん，対角線などの動きを含めて，様々な角度や複数の運動面でストレッチングを行う必要がある（第1章，原則6参照）。今まで行って

ストレッチングの一般的なガイドライン

以下は，筋膜ネットのストレッチングを最も効果的に行うための重要なポイントである。

- 「痛みなくストレッチする」という原則にしたがう。痛みが生じるほど強くストレッチするのではなく，ストレッチしていることが認識できる程度の感覚を得ることが目標である。痛みを生じさせてしまうと，脳や神経系に負の反応が生じる。体にとって最も快適なポジションを見つけるようにする。
- 自動運動で関節を引き伸ばして牽引することにより，ストレッチングの効果が高まる（第1章，原則7，8参照）。牽引しながらストレッチする前に，組織の緊張をリリースして少し緩めておく。
- 組織の緊張をリリースするために，息を吐きながらストレッチする。ストレッチング中に息を止めてしまうと，非常に強い力でストレッチすることになるので，息を吐いて少し緩めるようにする。
- 組織をリリースして必要な可動域を得られるまで繰り返しストレッチングを行い，問題のある部位を緩めてから次のストレッチングを行う。反復回数は左右，あるいはストレッチングによって異なることがある。
- 動く方向に視線を向けてからストレッチし，柔軟性を高めるようにする。ストレッチする方向を見ることは，可動域の改善に役立つ。
- 各ポジションで徐々にストレッチングの動きを大きくしながら，少しずつ可動域を広げる。
- 特定のポジションで柔軟性を高めるのが難しい場合は，ストレッチングを補助するために何らかの器具を利用してもよい。

いなかった角度や方向へのストレッチングを試みることで，スポーツパフォーマンスにおいて多くの新たな可能性が開かれることになる。本章で説明するストレッチングは，ストレッチウェーブ・ベリースロー（SWVS）とストレッチウェーブ・スロー（SWS）に，「修復と修正」プログラム（p.80，表5.1参照）のパラメータを組み合わせて用いることが最も効果的である。1つのポジションで硬さがなくなったと感じたら，「回復と維持」プログラムのパラメータに変えて行う。

経験上，スポーツやフィットネスに求められる可動性の回復，修復，修正，改善を最も早く効果的に行うには，ストンッチングをコアから始めて手足へと進めることである。私たちは腰部，股関節のコア領域に重点を置き，胸部，背部，肩を行ってから，腕や脚を行う。コア領域の可動性が改善すれば，他の多くの部位で硬さが改善することが多い。この基本的なプログラムは，本書で説明する他のすべてのプログラムの基礎となっており，これをグレイト8と呼んでいる。

〜グレイト8ストレッチ〜

グレイト8ストレッチは，全般的な可動性を得るための基本的な方法であり，ストレッチ・トゥ・ウィン（Stretch to Win）システムのストレッチ動作やプログラムの基礎となってい

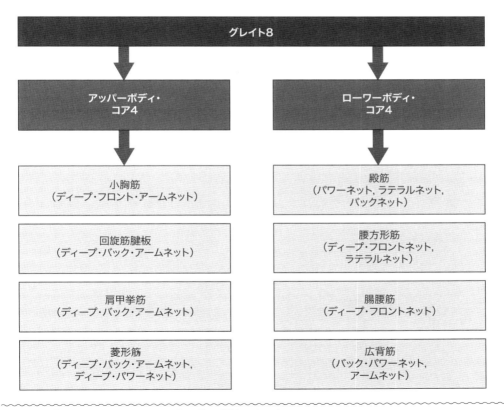

図6.1　グレイト8でストレッチする筋・部位・ネット

> **筋膜ネットをストレッチする方法**
>
> グレイト8は以下の順序でストレッチすることを推奨する。
> 1. まず，1つの重要な筋，部位，関連する筋膜（ネット）の片方の付着部（骨に付着しているところ。近位と遠位の付着部がある）をストレッチすることに集中する。これらの付着部については**図5.1a～e**を参照。
> 2. ストレッチしていたものを一度戻して，それから反対側の付着部をストレッチすることに集中し，その動きの可動域がそれ以上改善しなくなるまで続ける。
> 3. 各筋や部位の可動性のバランスをとるために，制限が強い付着部のストレッチングを最初と最後に行う。
> 4. 同じテクニックを用いて，ストレッチしたネットにある（重要な筋や部位の上下にある）筋や筋膜のつながりを徐々に追加してストレッチする。
> 5. 筋や筋膜のつながりをすべてストレッチした後は，ネット全体をストレッチする。ネットの一端を動かしてから別の端を動かし，これを可動性が改善しなくなるまで繰り返す。
> 6. 可能ならば，可動性の反応と伸張が最大になるまで，両端を同時にストレッチする。
> 7. この方法で目的とする筋やネットの可動性が改善すれば，同じ方法で隣接するネットもストレッチする。
> 8. この方法をすべてのネットで繰り返す。

る。これはどのようなスポーツやフィットネス活動を行っている人にも当てはまる。グレイト8はローワーボディ・コア4とアッパーボディ・コア4に分かれている（図6.1）。

　スポーツやフィットネス，リハビリテーションの分野では，可動性のトレーニングを行う前に，安定性の基礎としてコアトレーニングを行うという考え方が十分に確立されている。私たちはこの考え方を，多くの人にとっては新しい概念と思われるものへと進化させた。それは，安定性のトレーニングを行う前に，バランスのとれたコアの可動性を獲得することで，より優れた結果を得ることができるというものである。たとえば，右股関節の屈筋群が硬いと，骨盤の右側にトルク（捻れ）が生じるので，バランスが悪い状態でコアをトレーニングすることになる。骨盤を適切に安定させてコアトレーニングを行えるだけの協調性や運動能力がある人もいるかもしれないが，バランス不良に対処するために余分なエネルギーを使ったり，他の代償が生じたりするだろう。結局，バランス不良を解決しなければ，その犠牲として問題が慢性化し，最終的に外傷・障害につながる。これが，可動性と動作修正のトレーニングの基礎としてグレイト8を行うことを勧める理由である。

ローワーボディ・コア4プログラム

　ローワーボディ（下半身）・コア4は，大部分のスポーツ動作でパワーを産出する部位で構成されている（図6.2）。これに該当するものは，骨・関節では下位腰椎・骨盤・股関節領域，筋ではコアのすべての筋と筋膜（胸腰筋膜，腹横筋，腹斜筋，背部浅層・深層伸筋群，腸腰筋，殿筋，股関節深層外旋筋群）である。これらの筋の中でも特に股関節周囲筋は，アスリー

第 6 章　基礎的な可動性のためのストレッチング

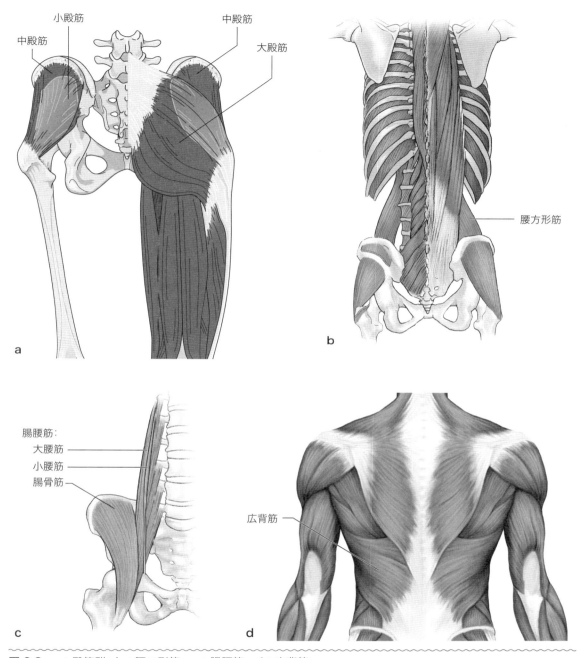

図 6.2　**a**：殿筋群，**b**：腰方形筋，**c**：腸腰筋，**d**：広背筋

トのパフォーマンスを左右する多くのスポーツ動作の基礎となっている。したがって，ほとんどのスポーツやレベルの高いフィットネストレーニングに必要な高いエネルギー効率や強力な機能を発揮するために，ローワーボディ・コア 4 で可動性のバランスをとることは非常に重要である。下半身は大部分のスポーツや運動の基礎となるため，最初に可動性を評価し，改善することは理にかなっている。可動性を改善する必要がある 4 つの重要な下半身

の筋を以下に示す（図 6.2 参照）。

- 殿筋：パワーネット，ラテラルネット，バックネット
- 腰方形筋：ディープ・フロントネットとラテラルネット
- 腸腰筋：ディープ・フロントネット
- 広背筋：バック・パワーネットとアームネット

広背筋は腰部と骨盤，肩関節に付着するために，このグループに含まれる。広背筋には上半身と下半身をつなぐ機能がある。

筋膜ネットの長く広範なつながりがあることで，ローワーボディ・コア4プログラムは股関節と腰部の周囲に生じる制限を改善し，またより上方の部位（頚椎・胸椎，肩関節など）や下方の部位（膝関節，足関節，足部など）の制限を改善する場合にも役立つ。コア4プログラムは，すべて片側で行ってから，反対側で行うようにする。

殿筋のストレッチング：パワーネット，ラテラルネット，バックネット

方　法

1. 膝を曲げて床に座り，左右の足を腰幅よりも広げて床につける（図 6.3a）。
2. 後ろに手をついて体を支える。
3. 膝を左右に揺らすように動かして，股関節のウォームアップを行う。膝から動かすのではなく，股関節から動かすようにする（図 6.3b）。
4. 次に，片側の脚が前に，もう一方が後ろに位置するようにし，可能ならば前側の足を内側に向けて後ろの膝につける（図 6.3c）。前側の殿部により多くの体重が乗るようにし，無理のない位置に調節する。両腕を伸ばして体の前に手をつく。
5. 息を吸いながら，頭頂から脊柱を長くするように伸ばし，次に息を吐きながら，脊柱を伸ばしたまま上体を膝の上へ沈めるように動かす（図 6.3d, e）。
6. 脊柱を巻き上げるように上体を起こして（図 6.3f），開始肢位に戻る（図 6.3c）。
7. 上体を膝の左右に倒しながら，殿筋の筋線維を様々な角度でストレッチするように繰り返す。

次に腰方形筋のストレッチングを行う。反対側のストレッチングは後で行う。

実施上のポイント

- 組織がリリースされるまで呼吸とともに波状運動を繰り返す。
- 上体を床に近づけた状態で左右に動かす。

第 6 章　基礎的な可動性のためのストレッチング

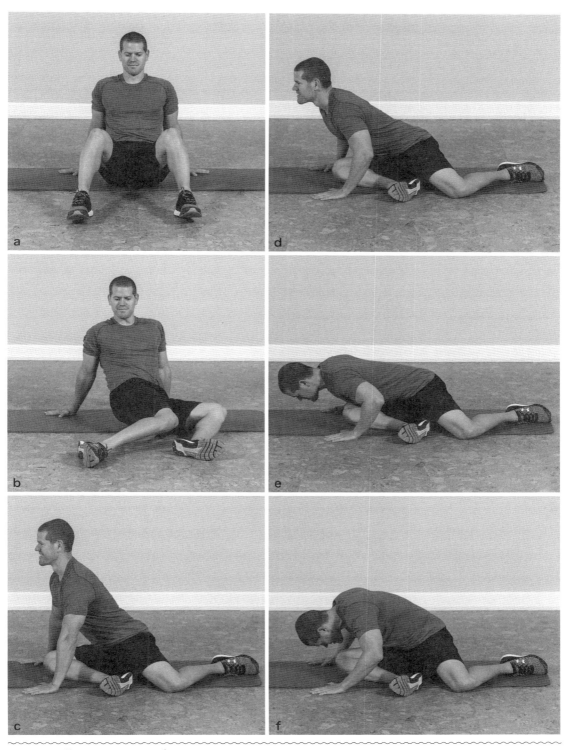

図 6.3　殿筋のストレッチング

腰方形筋のストレッチング：ディープ・フロントネット，ラテラルネット

方　法

1. 殿筋のストレッチングの肢位（ポジション）から，腰部，股関節，脚に軽い伸張を感じるところまで手の位置を体の後方に移動させる（図6.4a）。
2. 手の位置は動かさずに，上体を前の脚の方向に傾けながら息を吸う（図6.4b）
3. 息を吐きながら，後ろ側にある腕の肘を少し曲げて，上体を後ろに傾ける（図6.4c）
4. 繰り返し行う。

実施上のポイント

- 1レップ（反復）ごとに，手の位置を少しずつ後ろに移動させながらストレッチする。

図6.4　腰方形筋のストレッチング

腸腰筋のストレッチング：ディープ・フロントネット

方　法

1. 腰方形筋のストレッチングの肢位から，後ろ側の前腕を床につけて，その腕に全体重をかけても安定する位置を見つける。背中を丸めながら，軽い伸張を感じるまで前腕を後ろに移動させる。息を吸いながら上体を両手の方に傾ける（図6.5a）。
2. 息を吐きながら，天井を見るようにして背中を反らす（図6.5b）。
3. 繰り返し行う。

実施上のポイント

- ストレッチごとに，徐々に後方への傾きを強くする。
- 胸を床の方へ向け，それから天井の方へ向けるようにして，角度を変えながらストレッチする。
- 体を捻るのではなく，反らすことでストレッチする。

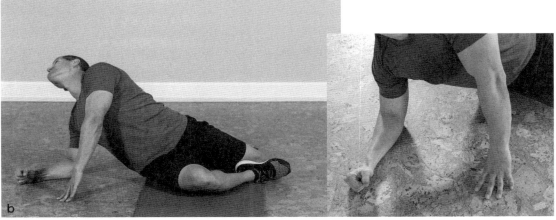

図6.5　腸腰筋のストレッチング

広背筋のストレッチング：バック・パワーネット，アームネット

方 法

1. 腸腰筋のストレッチングの肢位から，息を吸いながら前側の手を頭上に上げる（図6.6a）。
2. 空中で水泳のクロールをするように，腰から腕を伸ばす（図6.6b）。
3. 息を吐きながら胸を床の方に向け，腕を伸ばす（図6.6c）。
4. 腕を回すように下げてから（図6.6d），頭上に持ち上げる。
5. 繰り返し行う。

実施上のポイント

- ストレッチしている間は腕を最大限に伸ばした状態を保つ。
- 1レップごとに，胸が床と平行になるようにする。

図6.6　広背筋のストレッチング

第 6 章　基礎的な可動性のためのストレッチング

図 6.6　広背筋のストレッチング

アッパーボディ・コア4プログラム

　上半身の可動性を改善すると，滑らかに動けるようになる。上半身のストレッチングは重要視されておらず，あまり行われないことが多い。しかし，上半身のストレッチングを行うことで，下半身の可動性も大きく改善する。アッパーボディ（上半身）・コア4プログラムは，2次的にパワーを生み出すアッパーコアと腕を対象としたストレッチングで構成されている。4つの筋と肩甲帯周囲の部位から始め，上半身のすべての面でコアの制限をなくすように進める。最初に肩関節のコアである深層部分の制限を改善することで，体幹，肩関節，腕の可動性が改善することがわかっている。可動性を改善する必要がある4つの重要な上半身の筋を示す（図6.7 a～d）。

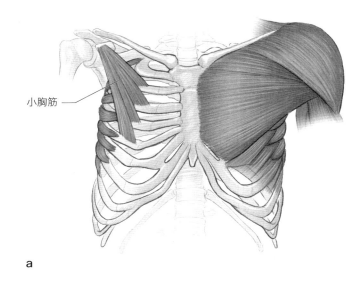

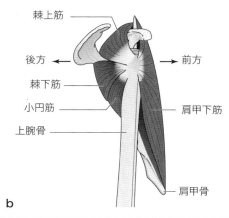

図6.7　**a**：小胸筋，**b**：回旋筋腱板

- 小胸筋：ディープ・フロント・アームネット
- 回旋筋腱板：ディープ・バック・アームネット
- 肩甲挙筋：ディープ・バック・アームネット
- 菱形筋：ディープ・バック・アームネット，ディープ・パワーネット

　アッパーボディ・コア4プログラムは，上背部，胸部，肩甲帯の部位が対象となる。これらの部位にストレッチングを行ってバランスを改善すると，肩と腕の機能的可動性が最適になる。4つのストレッチングを片側で行った後に反対側を行うか，1つのストレッチングを両側で行ってから次のストレッチングを行うようにする。

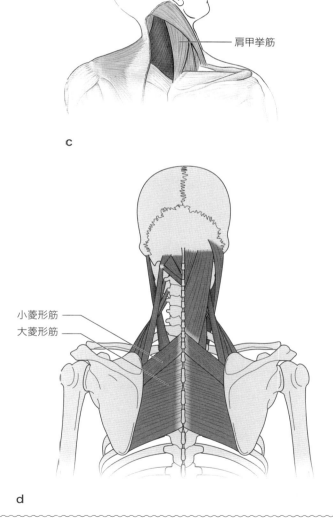

図 6.7　c：肩甲挙筋，d：菱形筋

小胸筋のストレッチング：ディープ・フロント・アームネット

方 法

1. 足を前後に開き，足幅を腰幅よりも少し広げて立つ。前に出した足と同側の手を，無理のない範囲で真上（Iポジション）か斜め上（Yポジション）に上げる（図6.8a）。反対側の手は体側に下げる。上げている手を体幹から離すように伸ばして牽引することで関節を開く。
2. 腕を90°の位置で横に伸ばし，可能ならば指を後方に向ける（図6.8b）。
3. 腕を少しずつ体の後方に伸ばしながら下方（床の方向）に伸ばし，手のひらは後ろに向ける（図6.8c）。
4. 目的とする組織の伸張を強めるために，指は常に後ろに向ける。

図6.8 小胸筋のストレッチング

実施上のポイント
- 腕を後方に伸ばす時に，胸はまっすぐ正面を向いた状態に保つ。
- 腕を後方に伸ばしても，胸と股関節は正面を向いた状態で，動かしている腕と反対側の脚も後ろに伸ばしたまま動かさないようにする。

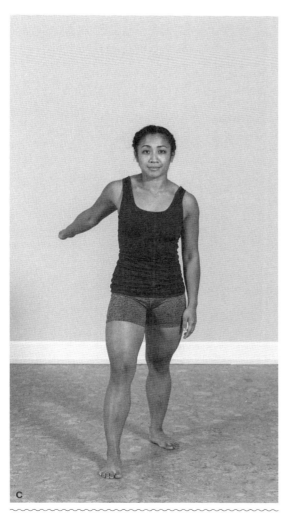

図 6.8 小胸筋のストレッチング

回旋筋腱板のストレッチング：ディープ・バック・アームネット

方　法
1. 足を腰幅に開いて立ち，両手を外側に伸ばすことで牽引する。
2. 腕を低い位置（図6.9a, b），中間の位置（図6.9c, d），高い位置（図6.9e, f）にしてストレッチングを行う。各位置で肩関節を内外旋させてストレッチする。
3. 組織がリリースされて伸びるように，優しく最終域までストレッチする。
4. より高い位置で繰り返しストレッチする（図6.9g, h）。

バリエーション
片側ずつ行うと，頭上のより高い位置でストレッチできる。

実施上のポイント
可動域をより大きく広げるために，角度をさらに広げるように努力する。

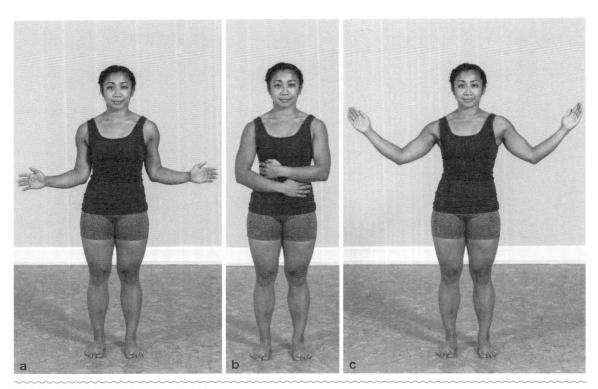

図6.9　回旋筋腱板のストレッチング

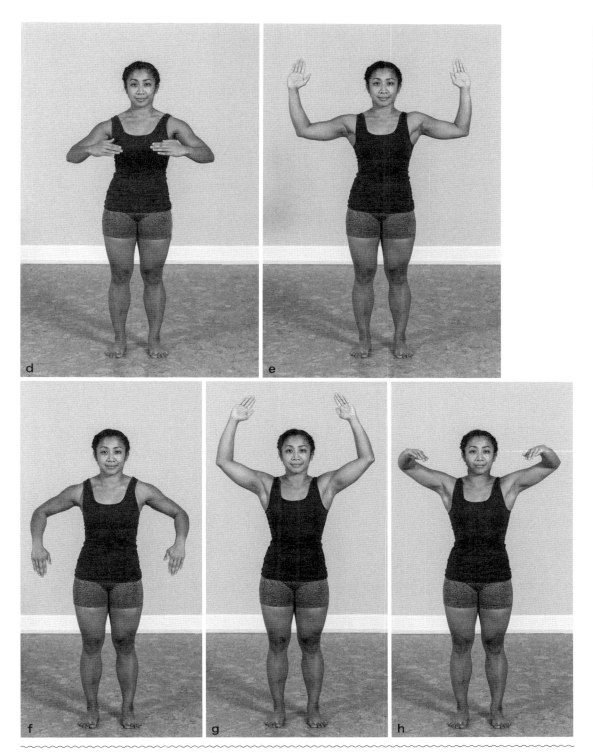

図 6.9 回旋筋腱板のストレッチング

肩甲挙筋のストレッチング：ディープ・バック・アームネット

方 法

1. 足を腰幅に開いて立つ。腰の後ろで反対側の手首をつかみ，床の方向に引っ張る（図6.10a）。
2. 顔を引っ張られている腕と反対の方向に向け，反対側の足を見るように床の方向へ下げる。伸張を感じるまで，顎を胸につけるように下げる（図6.10b）。
3. 上を向いてから下を向くことを数回繰り返し，組織の角度を変えてストレッチする（図6.10c, d）。
4. 手首を離す。

バリエーション

片側の手を後頭部に当てて，ストレッチする角度とアンカーポイントを変える。反対側の手は腰を横切るように下に伸ばす。頭部を傾けた状態で，上を向いてから下を向くことを繰り返す。組織が緩んで可動域が広がるのを感じるまで，数回繰り返す。

実施上のポイント

体が硬くて手首を持つのが難しい場合には，タオルや棒を持って行ってもよい。可動性が改善するにしたがって，手を近づけることができるようになる。

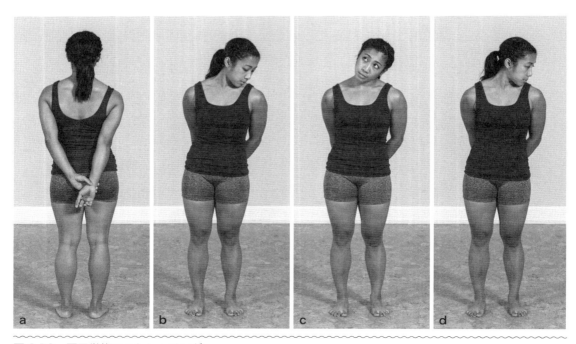

図6.10 肩甲挙筋のストレッチング

菱形筋のストレッチング：
ディープ・バック・アームネット，ディープ・パワーネット

方　法
1. 四つ這いになる。手を肩の下につき，膝は腰幅に開く。
2. 片側の腕を反対側の腕の下に通す。手のひらを上に向け，手の甲を床につける（図6.11a）。目的とする部位をストレッチするために，腕をさらに伸ばす。
3. 上体を床に近づけることで，伸張を強める（図6.11b）。反対側の手で床を押して安定させ，体が倒れないようにする。

実施上のポイント
伸張を強めるには，息を吐きながら上体をさらに倒して，手を遠くへ伸ばす。

図6.11　菱形筋のストレッチング

〜可動性を改善するための筋膜ネットのストレッチング〜

グレイト8ストレッチ（ローワーボディ・コア4とアッパーボディ・コア4）で股関節と肩関節の周囲にある部位の可動性を改善したら，全身の可動性を改善するためのより広範なアプローチを行う。筋膜ネットは相互に交わっているが，ストレッチすることで大きく動く部位がある。全体的な可動性を最大限にするために，このような部位すべてをストレッチする。

ファッシア5を構成する5つの筋膜ネット

第2章で述べたように，人体には表層から深層まで5つの筋膜ネットがある。これらのネットの大部分は，体の上から下まで伸びている。すべての筋膜ネットは最終的にはつながっており，スポーツや日常生活動作において一緒に機能するが，1つずつ評価しトレーニングを行うことは有用である。

グレイト8の他にもストレッチングを行う必要がある場合には，ファッシア5ストレッチによって他の部位の可動性トレーニングを行う。各領域に生じる問題の原因となる状況を以下に示す。

フロントネット
- 職場や学校などでの長時間の座位によってフロントネットが制限されること。特にネットが重なったり曲がったりする関節に制限が生じる（肩関節，脊柱，股関節，膝関節，足関節など）。
- 以下のようなスポーツでの姿勢を長時間保ったり繰り返し行うこと。
    - 大部分のチームスポーツ（アメリカンフットボール，野球，バスケットボール，サッカー）での競技姿勢や，走ったり守ったりするために足を広げる，あるいは前後に開いたスタンスで前傾する肢位。
    - 長時間の前屈姿勢（自転車競技，レスリング，グラップリング[訳注4]など）。
    - テーピングによる足関節の可動域制限（アメリカンフットボール，バスケットボールなど）。膝へのストレスを増加させ，過可動性のリスクを高める。

バックネット
- 長時間の座位によって頚部，膝関節，足関節に制限が生じること。

ラテラルネット
- 外側へのパワー動作の制限（スピードスケート，ホッケー，クラシックバレエ，クロスカントリースキー，バスケットボールなど）。

訳注4：「グラップリング（grappling）」は，打撃禁止の格闘技の一種。

- 長時間の座位によって両側のラテラルネットが圧迫されること（カーレース，馬術競技など）。
- ピッチングやフェンシング，スローイングスポーツ（アメリカンフットボール，槍投げ，ハンマー投げ，円盤投げなど）で片側のパワー動作を繰り返し行うこと。

パワーネット
- 回旋を伴うすべてのパワー動作，特に一定方向の反復（ゴルフ，バットスイングなど），物を投げる動作（ボール，槍など），人を投げる動作（武道など）。

アームネット
- 上半身，肩や腕を集中的に動かすパワー動作の反復（水泳，体操，チアリーディング，スローイング，武道，格闘技，射撃，アーチェリーなど）

ファッシア5ストレッチ

本章前半の「可動性を最適にするために原則にしたがう」の項（p.90）とコラム「ストレッチングの一般的なガイドライン」（p.90）にしたがって行う。

バックワードベンド：
スーパーフィシャル・フロントネット，アームネット

方　法

1. 足を腰幅かそれより広く開いてまっすぐに立つ。バランスをとるために，つま先を少し開いてもよい。フロントネットの緊張をリリースするために，膝をまっすぐにして脚を伸ばし，腕を頭上に上げ，体幹を上方に伸ばして牽引する（図6.12a）。
2. 上を向いて顎を少し上げ，手首と指を後ろに反らしながら両手を頭上遠くに伸ばして，上半身をストレッチする（図6.12b）。同時に，骨盤を前方に押し出して下半身をストレッチする。
3. 片側の腕を反対側の腕よりも高く上げることを，左右交互に行う。
4. 次に，腕と骨盤を互いに引き離すようにできるだけ伸ばし，ネット全体をしっかりとストレッチする。
5. 終了する時には，体を少し片側（楽に感じる側）に傾けてから，前にわずかに傾け，脊柱を巻き上げるようにして開始肢位に戻る。この方法によって，ストレッチングと同じ軌道で戻るのを避けることができる。

実施上のポイント
- 組織が広がるようにゆっくりとストレッチする。
- 片側が硬い場合には，硬い側を少し多めにストレッチする。

第6章　基礎的な可動性のためのストレッチング

ファッシア5ストレッチ

図6.12　バックワードベンド

スタガードスタンス・バックワードベンド：
ディープ・フロントネット，アームネット

方 法

1. 足を無理のない範囲で前後に開き，両膝を曲げながら，体幹を上方に伸ばして牽引する。
2. 母趾球に体重を乗せ，骨盤を前方に移動することで下半身をストレッチする。同時に上を向いて顎を少し上げ，手首と指を後ろに反らせながら両手を頭上に伸ばす（図6.13a）。さらにストレッチするために，手を握ってから開く。後方の膝は伸ばしてもよい。
3. 片側の腕を反対側の腕よりも高く上げることを，左右交互に行う。
4. さらにしっかりとストレッチするために，頭部を後方に動かして頚椎を伸展し，顎を天井に向けながら突き出す（図6.13b）。
5. 次に，骨盤と腕，顎をそれぞれ引き離すようにできるだけ伸ばし，ネット全体をしっかりとストレッチする。
6. 終了する時には，体を少し片側（楽に感じる側）に傾けてから，前に少し傾けて，脊柱を巻き上げるように開始肢位に戻る。この方法によって，ストレッチングと同じ軌道で戻るのを避けることができる。
7. 左右の足の位置を変えて繰り返す。

実施上のポイント

- 片側が硬い場合には，硬い方を長く行うか，必要なだけ繰り返す。
- ストレッチングの動作を大きくするために，運動方向を見るようにする。

第6章　基礎的な可動性のためのストレッチング

ファッシア5ストレッチ

図6.13 スタガードスタンス・バックワードベンド

113

バックワードストレッチ・オーバー・ボール：
スーパーフィシャル・フロントネット，ディープ・フロントネット，アームネット

方　法

1. バランスボールに座り，足を腰幅に広げて床につける。体幹を上方に伸ばして牽引する（図6.14a）。
2. 体を後ろに傾けながらボールを転がして，腰を前方に移動させる（図6.14b）。
3. 両腕を頭上に上げてフロントネットを伸張し（図6.14c），指を反らせて両手を床につけ，上半身をストレッチする。同時に，両脚を開いて伸ばしながら外旋することで，下半身をストレッチする（図6.14d）。
4. 腕と骨盤を互いに引き離すようにできるだけ伸ばし，手と足の間で前後に揺らすことでネット全体をしっかりとストレッチする。
5. 終了する時には，片側（楽に感じる側）に体を少し丸めて膝を曲げ，前方に体を少し曲げてから，脊柱を巻き上げるようにして開始肢位に戻る。この方法によって，ストレッチングと同じ軌道で戻るのを避けることができる。

実施上のポイント

- 伸張を強めるために床を使う。
- 伸張を強めるために，腕と脚をどれだけまっすぐに伸ばせるか試す。
- 顎を上げることで，さらに伸張を強める。

図6.14　バックワードストレッチ・オーバー・ボール

第 6 章　基礎的な可動性のためのストレッチング

ファッシア5ストレッチ

図 6.14　バックワードストレッチ・オーバー・ボール

フォワードベンド：バックネット，アームネット

方　法

1. 足を腰幅に開いて立つ。体重を母趾球に乗せ，腕を頭上に上げ，体幹を上方に伸ばして牽引する（6.15a）
2. 両膝を曲げ，腰を落として前屈する（図6.15b）。顎を胸の方に引き，膝を伸ばすことで下半身をストレッチする。上半身の重さを感じながら左右に揺らし，床に向かって体を丸める。
3. 可能なら，手を前方に歩かせるようにして，床の前方につく（図6.15c）。再度，顎を胸の方に引く。膝を曲げてもよい。
4. 股関節を手から離すように，また手を股関節から離すように，体重を前後に移動させながらネット全体をしっかりとストレッチする。また，股関節を左右に揺らし，膝を深く曲げてから伸ばすようにしてストレッチする。片側の踵を上げ，反対側の踵で床を押すことを交互に行う。また，股関節を上方に持ち上げ，手からできるだけ離すようにして伸張を強める。
5. 手を歩かせるようにして足に近づけてから，膝に手をついて丸めた体を伸ばしながら体を起こす。体を起こす際に膝は少し曲げておく。
6. 体を起こす際は股関節を少し左右に揺らしながら，中間の軌道を通って開始肢位に戻る（体をまっすぐ起こして開始肢位に戻らない）。

実施上のポイント

- 体を左右に揺らしながら，硬く感じる側に時間をかける。
- 片側の踵をできるだけ高く持ち上げて母趾球で支えながら，反対側の踵を床につけて押す。

第 6 章　基礎的な可動性のためのストレッチング

ファッシア5ストレッチ

図 6.15　フォワードベンド

117

フォワードストレッチ・オーバー・ボール：
バックネット，アームネット

方　法

1. 足を腰幅に開いて立ち，バランスボールを前に置く。両手を肩幅に開いてバランスボール上につく（図6.16a）。
2. ボールを足の方に転がしながら，上背部を丸めて上半身をストレッチする（図6.18b）。
3. ボールを足から離すように転がしながら，体幹を伸ばして下半身をストレッチする（図6.16c）。股関節を深く曲げるために踵に体重をかける。
4. 側面をストレッチするために股関節を左右に動かす。伸張を強めるために顎を胸の方に引き，両手でボールを押すことで抵抗を加える。
5. 股関節を手から引き離すように，また手を股関節から引き離すように，前後に体重を移動させながらネット全体をしっかりとストレッチする。さらに股関節を左右に揺らし，膝を深く曲げてから伸ばすようにしてストレッチする。片側の踵を上げ，反対側の踵で床を押すことを交互に行う。また，股関節を上方に持ち上げ，手からできるだけ引き離すようにして伸張を強める。
6. ボールを転がして足に近づけてから手を離し，膝を軽く曲げた状態を維持しながら丸めた体を伸ばす。
7. 体を起こす時は，腰を少し左右に揺らしながら中間の軌道を通って開始肢位に戻る。

実施上のポイント
- バランスを崩しやすいので，静かに動くようにする。
- ゆっくりと動くことで，硬い部位を見逃さないようにする。

第6章　基礎的な可動性のためのストレッチング

ファッシア5ストレッチ

図6.16　フォワードストレッチ・オーバー・ボール

スタンディングサイドベンド：ラテラルネット，パワーネット，アームネット

方法

1. つま先を少し外側に向け，足幅を 60 cm ほど開いて立つ．まず，体幹を上方に伸ばして牽引してから，下半身に伸張を感じるまで股関節を片側に傾ける．
2. 股関節の伸張を緩めてから，外側の腕を頭上に伸ばし，反対側の手を大腿部に当てて体を支える．快適な範囲で，上半身に伸張を感じるまで上体を傾け，腕を遠くに伸ばす（図 6.17a）．
3. 次に，両手を開いて指を反らしながら，上半身と下半身の伸張を強めるためにできるだけ両手を遠くに伸ばす（図 6.17b）
4. 肩を下ろして上体を体の中心に戻してから（図 6.17c），中間（ニュートラル）の軌道を通って脊柱を巻き上げるように開始肢位に戻る．
5. さらに可動域を広げるために同側のストレッチングを繰り返すか，反対側のストレッチングを行う．

実施上のポイント

片側が硬く感じる場合には，硬い側のストレッチングを繰り返す．

図 6.17　スタンディングサイドベンド

第 6 章 基礎的な可動性のためのストレッチング

ファッシア 5 ストレッチ

図 6.17 スタンディングサイドベンド

サイドストレッチ・オーバー・ボール：
ラテラルネット，パワーネット，アームネット

方　法

1. バランスボールの横にしゃがみ，ボール側の骨盤とウエストの部分をボールに当てて下側の脚を伸ばし，上側の脚は膝を曲げて足を後ろの床につける。下側の腕をボールを越えるように伸ばし，手を床につけてバランスをとる。上側の腕を頭上に上げて体幹を伸ばし牽引する（図6.18a）。
2. 両脚を伸ばしてボールに体重を乗せ，下半身をストレッチする（図6.18b）。
3. 次に，下側の脚を伸ばして骨盤とウエストをバランスボールに当て，上側の脚は膝を曲げて足を後ろの床につける位置に戻す。また，下側の手を床についてバランスをとる。ボールに背中をつけるようにしながら，上側の手を頭上に伸ばして上半身をストレッチする（図6.18c）。
4. 続いて，骨盤とウエストをバランスボールに当てる肢位に戻して下側の脚を伸ばし，上側の脚は前方に伸ばして足を床につける。腕と腰が互いに離れるようにできるだけ伸ばし，ネット全体をしっかりとストレッチする（図6.13d）。
5. ボール上で背中側か腹部側を通って回りながら中間の軌道を通って，反対側を向く。
6. 同側の可動域をさらに広げるためにストレッチングを繰り返すか，反対側のストレッチングを行う。

実施上のポイント

バランスに問題があれば壁や支えになる物の近くで行うか，図に示したように床に触れて支える。

図6.18　サイドストレッチ・オーバー・ボール

第 6 章 基礎的な可動性のためのストレッチング

ファッシア5ストレッチ

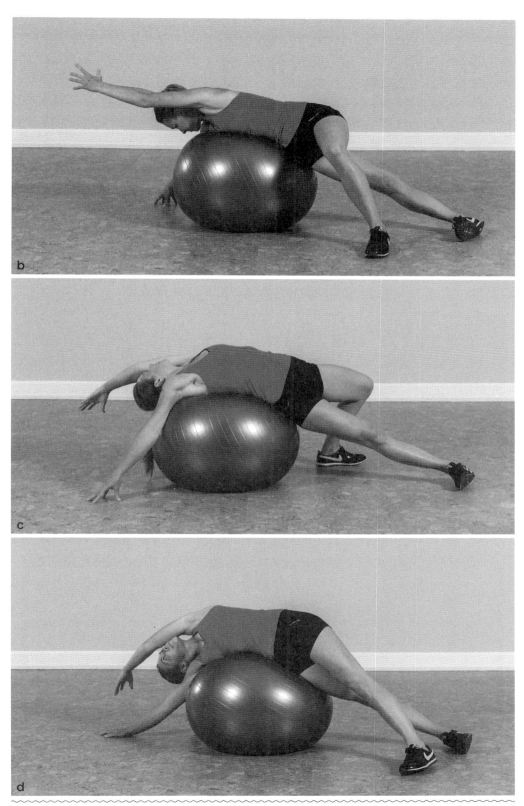

図 6.18 サイドストレッチ・オーバー・ボール

> **バランス不良に対処する**
>
> 　本章のプログラムを行っている時に気づいたバランス不良は，素早く簡単に修正することができる。バランス不良に対する最初の対処法は，動作の回数を増やすことである。最も簡単な方法は，制限の大きい側の動作を最初と最後に行うようにして，ストレッチングの割合を 2 対 1 にする。この方法によって，硬い側を多くストレッチすることになる。両側とも可動性が同じになれば，その状態を維持するために 1 対 1 の割合に戻す。バランス不良が改善しなければ，ストレッチする時間を増やしてみる。たとえば，ストレッチウェーブ・スロー（SWS）のテンポで行っていたなら，ストレッチウェーブ・ベリースロー（SWVS）のテンポに変え，制限をリリースする時間を増やすようにする。これらの方法でバランス不良が改善しなければ，第 5 章に戻り，問題の解決策を見つけるためにクイックテスト（簡易版 FMA）を行うことから始めるとよい。

最適な可動性のためのプログラム

　本章は，トレーニングやスポーツ競技を行っている人の可動性を改善し，完全に回復させるためのストレッチ動作に焦点を当てている。本章のプログラムはバランス不良を修正し，必要に応じて全体的な可動性を向上させることにも利用できる。

　トレーニングによって受ける身体的ストレスから体を回復させる過程には，ゆっくりとしたストレッチ動作が必要となる。可動性を回復するためにストレッチングを行うのであれば，「回復と維持」プログラム（p.80，表 5.1 参照）のパラメータを使いストレッチングを行うことを勧める。回復させるためには，SWS のテンポでストレッチングを行う。SWS では，筋膜のモビライゼーションとストレッチングを行うために，ゆっくりと呼吸をして動作を長く行うことになっている。この方法によって可動性の回復・維持，老廃物の排出，組織への酸素供給の増加，長期間にわたって高いレベルのスポーツパフォーマンスを維持できることなどが証明されている。

　左右の可動性のバランス不良を修正し，全身の可動性を改善させるためには，修復と修正プログラムのパラメータを使うのがよいだろう。このような目的では持続時間を増やすことを勧めるが，従来のストレッチングと異なり，常に非常にゆっくりとした動きを伴う。

　本章では，長時間動かない場合と，非常に活動的な場合の両方で，体が硬くなりパフォーマンスに悪影響が出ることを説明した。また，この問題の解決策として，グレイト 8 ストレッチについて解説した。これは可動性を改善する信頼できるプログラムであり，次章で述べるスポーツのためのダイナミックストレッチングの基礎となる。

7.
スポーツのための ダイナミック ストレッチング

　可動性に問題がない場合には，この章の内容が役立つだろう。本章では，大部分のスポーツ種目に必要な可動性の準備をするための，基本的なストレッチ動作を紹介する。パフォーマンスの低下や痛みの原因となる問題（慢性的な硬さ，痛み，左右のバランス不良）がある，あるいはケガや手術などからの回復途中であるならば，まず第5章の筋膜可動性評価（FMA）を行わなければならない。FMAによって問題を特定することで，柔軟性トレーニングをどこから始めるかの指針が得られる。その後，最初に行う修正トレーニングや全体的な可動性トレーニングのプログラムを行うために，第6章を参照する必要があるだろう。いずれにせよ，本章で紹介するダイナミックストレッチングのプログラムを開始する前に，問題がないことを確認することが必要である。

　スポーツで効率的・効果的に可動性を発揮するためには，第6章で解説したグレイト8ストレッチによって，コアの筋群の動的可動性を獲得していることが前提となる。第4章で述べたように，コアの可動性に制限やバランス不良があれば，安定性，筋力，パワー，スピードなど，パフォーマンスに必要な要素が影響を受ける。本章で紹介するダイナミックストレッチングの動作パターンは，すべて中心となるコアから始め，それから残りの体幹や四肢を行うようにする。

〜ダイナミックストレッチングとは〜

　第3章の最初に説明したように，**ストレッチウェーブ・ファスト（SWF）**は，スポーツやフィットネスにおいて一般的に**ダイナミックストレッチング**と呼ばれているものである。

ダイナミックストレッチングは短い保持時間の速いテンポで行うストレッチングで，スポーツやフィットネスで行う激しい爆発的な動作に必要となる動的な可動性を改善する。ダイナミックストレッチングは，トレーニングや試合などを行う前のウォームアップの一部として行われることが多い。適切な準備プログラムによって硬さや張りを取り除き，十分な可動性を得ることで，トレーニングや試合の準備を整える必要がある。各スポーツに特有のバリスティックな動作を行う前に，SWFを行うようにする。バリスティックな動作とは，スプリント，キック，スローイング，スイング，ジャンプなどの素早いスタートや停止を伴う爆発的な動作である。このような動作で用いられる身体部位は，パワーネット内にある（詳細は第2章参照）。

活動前に可動性改善を目的として行う場合，「準備」のプログラム（p.80，表5.1参照）のパラメータに沿って行うことを推奨する。

ダイナミックストレッチングの一般的なガイドライン

以下は，筋膜ネットのダイナミックストレッチングを効果的に行うための重要なポイントである。

- ストレッチング前後で感覚や動きの違いを比較する。どのネットに行うのが最も効果的であるかが次第にわかってくるだろう。
- ストレッチウェーブを利用する。つまり，波状のパターンによって流れるような動作でストレッチングを行う。
- 息を吐きながらストレッチし，息を吸いながら緩める。
- 回数を数えながらストレッチしない。可動性が改善しなくなるまで続けてから終了する。
- ストレッチングを行っても十分に緩めることができない場合，問題のある部位に対してセルフ筋膜リリースを行ってから，再度ストレッチングを行う。
- バランスをとるのが難しいストレッチングの場合には，必要に応じて何か支えになる物を利用する。
- ストレッチする際に脊柱は曲げないようにするが，動作がうまくできなくなるほどコアを固めすぎてはいけない。
- ダイナミックストレッチングの動作は，強い伸張を感じる必要はない。強度は弱く，速いテンポで緩んだ感じが得られるまで繰り返し，しっかりとパフォーマンスの準備をする。
- 本章のすべてのストレッチングは，練習や試合が始まる前1時間以内か，通常のウォームアップを行った直後に行うようにする。

〜スポーツのためのダイナミックストレッチング〜

　以下のストレッチングは，床の上での動作から立位動作へと進めていくように構成されている。5〜10分ほどの軽いジョギングやランニングで少し汗ばむ程度の軽いウォームアップを行い，その後に行うのが最もよい。このダイナミックストレッチングはパワーネットを対象としているが，各ストレッチングには主に目的とする身体部位の名前がついている。

床の上で行うダイナミックストレッチング

　以下のストレッチングは，床の上で行う。動的な柔軟性の準備として，コアの筋群，下半身から上半身の筋膜へと進めていく。最初はコアの動的可動性に重点を置き，モーターコントロール（運動制御）とコアの安定性を取り入れるように進めていく。このような進め方は，コアのコントロールが求められる大部分のスポーツで利用できる。

股関節−脊柱−肩のストレッチング

この動作は股関節の回旋要素に焦点を当て，関節包をウォームアップして滑液を分泌させる。床の上で股関節動作を行う前に，この動作を行うようにする。

方　法

1. 膝を曲げて床の上に座り，両足は腰幅より少し広くする。指を後方に向けて体の後ろで手をつく（図7.1a）。
2. 息を吐きながら体を後ろに傾けて，ゆっくりと両膝を片側に倒す（図7.1b）。
3. 息を吸いながら両膝を中央に戻す。
4. 息を吐きながら反対側へ両膝を倒す。
5. 左右交互に両膝を倒すことを続ける。

ネットの拡張

- 両手を横に広げて仰向けになり，両膝を左右に倒す動作を繰り返す。座位の時と比較して可動域がどれだけ減少するかに注意する。痛みが出ないように無理のない範囲で，股関節で両膝を床に向かって押しつける（図7.1c）。可動域が改善しなくなるまで繰り返す。
- 同じ肢位から，片側に両膝を倒した状態になる。両膝の反対側にある腕を床上で滑らせながら上に伸ばし，もう一方の腕は下に伸ばす（図7.1d）。あるいは，腕を様々な方向に伸ばしてみる。首を動かして，手の方向を見るように追いかける。両膝を反対側に倒して繰り返す。

図7.1　股関節−脊柱−肩のストレッチング

第 7 章　スポーツのためのダイナミックストレッチング

図 7.1　股関節−脊柱−肩のストレッチング

床の上で行うダイナミックストレッチング

股関節屈筋−体幹−肩のストレッチング

このストレッチングは膝立ち位で行うので，コアの自動的な運動制御と安定性がより多く求められ，同時にコア上部とコア下部のモビライゼーションを行う。膝前部に痛みがあれば，パッドなどをクッションとして使い圧迫を和らげ，痛みを出さないようにする。痛みがある状態ではストレッチングを行わないように注意が必要である。

方　法

1. 片足を前に置き，片膝立ちになる。片腕を上げ，前の脚の方に体を突き出す。後ろの脚の股関節や鼠径部に伸張を感じるまで，体を起こした状態で腰を前方に押し込む（図7.2a）。
2. 上げている腕をストレッチしている股関節と反対の方向にゆっくりと動かし，体幹，肩，腕をさらにストレッチする（図7.2b）。
3. 腕を下げて伸張を緩め，脊柱を少しリラックスさせて小さくストレッチウェーブを行いながら開始肢位に戻る。

ネットの拡張

股関節と体幹をさらに大きい円を描くように動かして，腕をより大きく動かす（図7.2c）。

図7.2 股関節−体幹−肩のストレッチング

第 7 章　スポーツのためのダイナミックストレッチング

床の上で行うダイナミックストレッチング

図 7.2　股関節−体幹−肩のストレッチング

股関節内転筋−腹筋−体幹のストレッチング

鼠径部の外傷・障害はスポーツで非常に多くみられる。それを予防するために，以下のストレッチ動作は必須である。このストレッチングは，股関節内転筋につながる部位の股関節屈筋をリリースする。また，急激な方向転換（カッティングなど），バックペダルも含めたすべてのランニング動作，平泳ぎ，アイスホッケーのスケーティングのような動作，レスリングやグラップリングにおける攻守の入れ替え動作などの可動性を向上させる。

方　法

1. 両手（または拳）と膝を床につけて四つ這いになり，つま先を内側に向ける。鼠径部に軽い伸張を感じる程度に両膝を広げる。
2. 軽い伸張を感じるまで殿部を踵の方に後方移動させる（図7.3a）。開始肢位に戻る。
3. 手を歩かせるようにして前方に移動させ，軽い伸張を感じるまで股関節を床に近づける（図7.3b）。手を手前に戻して開始肢位に戻る。
4. 可動性が改善しなくなるまで繰り返す。

ネットの拡張

両膝の開きをさらに大きくし，殿部をより深く後方と前方に移動させ（図7.3c, d），さらに頭を左右に回旋させる（図7.3e）。

図7.3　股関節内転筋−腹筋−体幹のストレッチング

第 7 章　スポーツのためのダイナミックストレッチング

床の上で行うダイナミックストレッチング

図 7.3　股関節内転筋−腹筋−体幹のストレッチング

133

股関節外転筋–広背筋–腰方形筋のストレッチング

　このストレッチングは，主に体の側面にある大腿部–股関節–背部–肩関節の連結を伸張する。このストレッチングによって，腰部や膝へのストレスを軽減するために必要な股関節の可動性が向上する。特に，横方向への加速と減速，ランニング中の急激な方向転換，タックルを避ける動作，格闘技やグラップリングの素早い攻守の動きなどに効果的である。

方　法
1．四つ這いになり，両手を肩幅よりも広げて置き，指を開く。両膝をつける（図7.4a）。
2．息を吐きながら，股関節をゆっくりと右側へ移動させ，頭を回旋して足の方を見る（図7.4b）。
3．反対側も同様に行い，左右交互に行いながら，股関節を少しずつ深く下げていく。

第7章 スポーツのためのダイナミックストレッチング

床の上で行うダイナミックストレッチング

図 7.4 股関節外転筋−広背筋−腰方形筋のストレッチング

股関節屈筋−腹筋−脊柱のストレッチング

　このストレッチングは，フロント・パワーネット全体を素早く伸張し，見つけることが難しい股関節屈筋，頚部，足関節，足部の硬くなった連結をリリースする。特に，長時間屈曲位を継続する（長距離の自転車競技，デスクワークなど），あるいは屈曲位を繰り返す（アメリカンフットボール，グラップリングなど）アスリートに効果的である。

方　法

1. 四つ這いになり，両手を肩幅よりも広げて置き，指を前に向ける。両膝をつける（図7.5a）。
2. 両肩で体重を支えながら，股関節を床の方に落とす。上を向いて顎を持ち上げる（図7.5b）。
3. 片側の股関節を床の方に下げ，頭を回旋して反対側の股関節を見る（図7.5c）。反対側も同様に行う。
4. 中間位に戻ってから，殿部を踵につけるように後方移動させる。額を床につけ，両腕は頭上に伸ばしておくか，体側に置く（図7.5 d）
5. 可動域が改善しなくなるまで繰り返す。

図7.5　股関節屈筋−腹筋−脊柱のストレッチング

第7章　スポーツのためのダイナミックストレッチング

床の上で行うダイナミックストレッチング

図7.5　股関節屈筋−腹筋−脊柱のストレッチング

腰部–殿筋–広背筋–ハムストリングス–大腿部のストレッチング

このストレッチングは，バック・パワーネット全体や，広背筋を通じて肩関節，腰部，股関節，ハムストリングスの連結をリリースするのに最適である。特にスプリント，攻撃をかわす動作，急激な動き，バックペダルなどの素早い加速・減速が必要となるアスリートに適している。またブロック，キャッチング，インターセプトなどの動作で腕を様々な角度に上げるための準備としても効果的である。

方　法

1. 両膝を曲げて横座りの姿勢になり，片側の殿部に体重を乗せる。前側の足を後ろ側の膝につけて三角形をつくる（図7.6a）。楽な姿勢になるように調整する。
2. 息を吸いながら，頭頂から脊柱全体を伸ばす。息を吐きながら，脊柱を長く伸ばしたまま，上体を膝に近づけるように動かしてストレッチする（図7.6b）。体を緩やかに左右に揺らすことで，範囲を広げてストレッチする。
3. 次に，後ろにある脚の側の腕を水泳のクロールのような動きで頭上に上げて下ろし，殿筋から腰背部全体と反対側の肩までをストレッチする（図7.6c〜g）。
4. 脊柱を曲げてから巻き上げるように体を起こして開始肢位に戻る。
5. 次に前側の膝の角度を90°に開き，殿筋の他の線維をストレッチするために体を前側の脚の上に倒して左右に揺らすことを繰り返す（図7.6 h〜i）。体を巻き上げるように起こして開始肢位に戻る。必要に応じてストレッチングを繰り返す。
6. 反対側も同様に行い，より硬い側で再度繰り返す。

図7.6　腰部–殿筋–広背筋–ハムストリングス–大腿部のストレッチング

第 7 章　スポーツのためのダイナミックストレッチング

床の上で行うダイナミックストレッチング

図 7.6　腰部−殿筋−広背筋−ハムストリングス−大腿部のストレッチング

ストレッチ・トゥ・ウィン

床の上で行うダイナミックストレッチング

図 7.6 腰部−殿筋−広背筋−ハムストリングス−大腿部のストレッチング（続き）

ネットの拡張

　前側の脚を，膝後方やハムストリングスに軽い伸張を感じるまで伸ばす（膝は完全に伸展させる必要はない）（図7.6j）。息を吸いながら体を伸ばし，息を吐きながら軽い伸張を感じるまで緩やかに前に倒す（図7.6k）。体を緩やかに左右に揺らす。無理のない範囲で膝を伸ばしていき，必要に応じてストレッチ動作を繰り返す。一連のストレッチ動作の後に軽く足部を背屈させる。これらのストレッチ動作を一緒に行うことで伸張をさらに強める。

図7.6　腰部−殿筋−広背筋−ハムストリングス−大腿部のストレッチング（続き）

立位で行うダイナミックストレッチング

床の上で目的とする動作を十分に準備した後，立位動作での準備を行う。多くのスポーツで行われている立位のダイナミックな動作パターンがあるので，ここではあまり知られていないが重要なものだけを選んで紹介する。

腓腹筋−膝窩筋−股関節−体幹−肩関節のストレッチング

立位での動作を行う前に，足部と足関節のモビライゼーションを行っておく。足部と足関節は全身の運動連鎖を適切に機能させる基礎である。このストレッチングの効果を高めるために，総合的な全身のダイナミックストレッチングとして，他のパワーネットも一緒にストレッチする。

方　法

1. 立位から体を丸めて膝を少し曲げ，両手を床について，下腿に軽い伸張を感じ始めるまで，手を歩かせるようにして前に移動する。片側の踵を上げて反対側の下腿をストレッチし，これを左右交互に行う（図7.7a）。
2. 手と足は動かさずに，股関節を緩やかに片側に下げることを，左右交互に行う（図7.7b）。バランスを崩さないようにしながら，交互に行うごとに少しずつ股関節を下げていく。
3. さらに，股関節を左右に揺らしながら腰を捻る。

第 7 章　スポーツのためのダイナミックストレッチング

立位で行うダイナミックストレッチング

図 7.7　腓腹筋−膝窩筋−股関節−体幹−肩関節のストレッチング

ヒラメ筋−足関節後部のストレッチング

前ページのストレッチングは足部と足関節から上部にある大部分の体の接続に対してのモビライゼーションとストレッチングであったが，このストレッチングはより部分的なもので，下腿の接続と足部・足関節に重点を置いている。立位姿勢から何らかの動作を行う前に，このストレッチングによって足部・足関節のモビライゼーションを行っておく。

方　法

1. 前ページのストレッチングの姿勢から，片脚を前に出して膝を曲げ，下腿の下部や足関節後部に伸張を感じるまで殿部を前後に移動させる。
2. この脚を前後に開いた肢位を保持しながら股関節を左に向け，左肩を見る。その後に股関節を右に向けて右肩を見る。改善しなくなるまで交互にストレッチングを繰り返す。
3. 前後の脚を入れ替えて同じようにストレッチする。

ネットの拡張

さらに可動域を広げて体幹，肩，腕をストレッチするために，腕も回旋方向へ伸ばす。股関節を左に向け，左肩を見る時に，右腕で支えながら左腕を回旋方向へ伸ばし，股関節を右に向けて右肩を見る時に，左腕で支えながら左腕を回旋方向へ伸ばす。脚の位置を入れ替えて同じようにストレッチする。

第 7 章　スポーツのためのダイナミックストレッチング

立位で行うダイナミックストレッチング

図 7.8　ヒラメ筋–足関節後部のストレッチング

これまでに紹介してきた動作は，スポーツに必要な体のシステムをすべて準備し，バリスティックな柔軟性を得るためのダイナミックストレッチングを行う準備としても役立つ。バリスティックな柔軟性のためのトレーニングは，各スポーツに特有のウォームアップなどの準備方法と関連するので，本書では扱わない。次章では，コーチ，トレーナー，理学療法士やマニュアルセラピーの専門家が，床や治療ベッドの上で行うアシステッドストレッチングの方法を紹介する。私たちは，これらのテクニックをワールドクラスのエリートアスリートたちに用いて，素晴らしい結果を得てきた。

8.
アシステッド ストレッチング

　本書は主に，自分で行うセルフストレッチングについて解説してきたが，私たちが開発した筋膜ストレッチセラピー（fascial stretch therapy：FST）についても知ってもらいたい。筋膜ストレッチセラピーは，専門家が補助をして行うアシステッドストレッチングである。他の人の力やテコを利用する**アシステッドストレッチング**（assisted stretching）は，痛みを生じさせることなく簡単かつ劇的に可動域を改善することができる。本章では，床の上と治療ベッドの上で行う方法について説明する。

　ここで紹介するストレッチングはどれもリスクは高くないが，補助を行うのは熟練のトレーナー，理学療法士，マッサージセラピストなど，解剖学や生理学の教育を受けそれに精通した専門家にすべきである。適切な知識がない人が補助をすると，強すぎる力でストレッチしてしまうことがある。本章はアスリートではなく補助者に対して書かれている。

　アシステッドストレッチングを正しく行い，最大限の効果を得るためには，私たちが改良したテクニックについて十分に理解しておかなければならない。アシステッドストレッチングの方法は，論理的なステップに分かれているので，それに従う必要がある。具体的な内容を説明する前に，補助者が最大限の効果を引き出すための重要な情報について述べる。

〜 アシステッドストレッチングの重要なコンセプト 〜

　経験豊富なトレーナー，コーチ，セラピストであれば，本章の内容について知っているものもあるかもしれない。以下に私たちの考え方，実施上のポイント，適切なボディメカニクス，テクニックを最もよく行うための具体的な指示などについて説明する。

スムーズかつ緩やかに収縮させる

　筋膜ストレッチセラピーの基本要素として，第1章で述べたように，PNFの変法を用いる。PNFは補助者とアスリートが協力して，双方が楽な方法で行う必要がある。PNFでは，求心性収縮を約0.5秒行った後に等尺性収縮を約2秒行い，各動作中の収縮はスムーズかつ緩やかに行うようにする。補助者の力にアスリートが抵抗できるように，合図として収縮させたい部位を軽く叩く。ストレッチする過程で，補助者は「私の力に抵抗してください」とか「私の手を脚で押し返してください」などの口頭指示も与える。同じ肢位でPNFを行うごとに新たに3〜5°可動域を増加させる。組織が十分にリリースされるまでPNFを繰り返す。少しずつでも持続的に可動域を増加させることが，柔軟性と可動性の目標を達成するために重要かつ効果的な方法である。

手よりも体全体を使う

　手だけで行うのではなく，体全体（足や股関節など）を使うようにする。アスリートを強くつかまないように，手はリラックスさせておく。アスリートを動かすために動くのではなく，アスリートと一緒に動くことを考える。そうすることによって，アスリートが安心してリラックスすることができる。引っ張ったり，押したり，力づくで行ったりせずに，体をテコとして使うようにすれば，補助者も痛みや疲れを感じることはない。

中間の軌道を通ってストレッチングを終了する

　伸張した部位を収縮させないように，ストレッチングを行った運動面とは異なる中間（ニュートラル）の軌道を通って終了する（つまり，ストレッチした方向とは別の方向に動かして終了する）。たとえば，アスリートの脚を持ち上げて股関節を屈曲させた場合，股関節を外転させてから元に戻すようにする。

ストレッチングの時間は呼吸を目安にする

　ストレッチングのタイミングは，決まった保持時間（30秒など）ではなく，呼吸を目安にする。補助者とアスリートは動作の準備として一緒に息を吸い，一緒に吐きながら動作を行う。組織がリリースされた後に，別の肢位でのストレッチングを行う。
　ゆっくりとスムーズに肢位を移行し，各ストレッチングもゆっくりと行う。組織の状態を感じるためには，ゆっくりと時間をかけて動かす必要がある。しかし，試合や練習の準備をする場合には，交感神経系を優位に働かせるためにストレッチングのテンポを速くする。

牽引する

　牽引も，筋膜ストレッチセラピーの基本テクニックである。最もよくみられる間違いは，十分に牽引できないことと，牽引をストレッチング中維持できないことである。目標は，ストレッチしている間ずっと牽引を維持することである。牽引するためには，手だけでなく体

アシステッドストレッチングのポイント

アシステッドストレッチングは補助者とアスリートが協力して行うものであり，両者が楽に行えるものでなければならない。以下はアシステッドストレッチングのコツである。

相互のコミュニケーション

脳には生存本能が組み込まれているので，補助者はアスリートから信頼を得ることが不可欠である。補助者は，各セッションの意図，アスリートの目標や問題点を明確にしなければならない。さらに，アスリートの状態を毎回チェックする必要がある。アスリートの組織が必要なことを教えてくれるが，アスリートの言葉，表情，ボディランゲージにも注意を払うようにする必要がある。

もう1つの秘訣は，アスリートにフィードバックをくれるように頼み，特定の情報をくれるきっかけとなる質問をすることである。以下に質問の例を示す。

- どこがストレッチされていますか？
- 1〜10の間でいうと・・・？
- 詰まっている感覚はありますか？

アスリートは，自分がどのような感覚であるべきか，どのような経験をしているべきかを必ずしも知っているわけではないので，様々な方法を用いてフィードバックを引き出す必要がある。また，補助者の力に抵抗するように，合図として収縮させたい部位を軽く叩いたり，口頭で「私の力に抵抗してください」とか「私の手を脚で押し返してください」という指示を与えたりする。

弱い方がより効果的である

ストレッチングが最も良い効果を得られる正しい強さであるなら，アスリートにもっと強くストレッチしてもらいたいと思わせてはいけない。私たちは弱い方がより効果的だと考えている。後のセッションで伸張を強めることはいつでもできるが，オーバーストレッチを元に戻すことは困難である。

組織の状態を感じて理解するには時間と練習が必要となるので，気長にやるしかない。私たちもこのテクニックを開発するのに2人で40年以上もかかっており，今でも毎日クライアントや生徒から学び続けているのである。成功には忍耐と訓練が不可欠であり，自分の直感と組織の状態をゆっくりと感じ続けるようにする必要がある。アスリートの体を調整するために，頭で考えるだけでなく心で感じるようにする。正しい肢位で行えば，ストレッチ動作は自然に流れるように行うことができるだろう。頑張りすぎているように感じる時は，実際に頑張りすぎていることがほとんどである。体の力だけでなく，注意を払うためのエネルギー，忍耐，技術が必要となる。

うまく行く方法を見つけ出す

重要なルールは，補助者が楽にリラックスできると感じる肢位にあり，アスリートも痛みなくリラックスできていれば，効果は得られるということである。補助者の体格やアスリートの柔軟性によってストレッチングを行う肢位に変化するので，完璧な肢位で行うことを気にする必要はなく，自分に合った方法で行えばよい。補助者の手や脚の位置は完全に決まっているわけではないので，楽に行いやすい位置で行って，どれが有効かを見つけるようにする。ストレッチング中に，補助者に不快な感じや痛みがあるならば，アスリートも同じように感じてリラックスできないだろう。

全体を使う必要がある。アスリートを手で強く引っ張っている感じがしたら，やり方が間違っている。

〜床の上で行うアシステッドストレッチング〜

　これらのストレッチングは，すべてを行ってもよいし，一部を利用するだけでもよい。また，運動する前の準備としても，運動後の回復にも使用できる。アスリートは，PNFに協力しているか，回復のためにリラックスしていることが，その役割である。

　このストレッチングのプログラムは，片側が終わった後に反対側を行うことで，最も良い結果が出るようにデザインされている。ストレッチングを行う前に可動域の硬さを評価する。まず可動域を見つけ，ストレッチングを行い，組織が抵抗するようならPNFを行う。必要に応じて硬い部位のストレッチングに時間をかけるか，両側をストレッチした後に再度硬い部位をストレッチする。ここで紹介するすべてのストレッチングは，最高のスポーツパフォーマンスに必要な柔軟性を得るための効果によって選んだものである。

　ほとんどの写真は小柄な補助者（セラピスト）と背の高いクライアント（アスリート）がモデルになっているので，指示内容も両者の関係を反映したものになっている。したがって，補助者とクライアントの体格によって，体の使い方やポジションを調整する必要がある。

ラテラルネットのストレッチング

　スポーツには横方向への動きが不可欠なので，このストレッチングは基礎となる動作である。すべてのアスリートに必要であるが，特にラテラルネットの片側に硬い部位がある場合に行うことを強く勧める。

方　法

1. アスリートは仰向けになり，片側の脚を持ち上げ，足関節をわずかに背屈する。補助者はアスリートの足元に立つ。
2. 補助者は前かがみになって，アスリートの持ち上げた足の踵を手で持ち，床にある側の踵のすぐ上の部分に自分の足背部を引っ掛ける（図8.1a）。足背部に引っ掛けた脚を，アスリートの体の中心の方向に，組織の抵抗を感じるまで動かす。アスリートは動かされた脚を元の位置に戻すように押し返す。
3. 補助者は，伸張を強めるために，アスリートの足から離れるように体を傾けて，さらに脚を動かしている方向へ横に動く（図8.1b）。アスリートは，ストレッチされている側の腕を頭上に伸ばして，上半身をできるだけ横に曲げる。アーチを描くようなイメージで動く。
4. ストレッチング後も硬い場合には，同じ動作を繰り返し行うか，反対側を行ってから再度ストレッチする。

第8章 アシステッドストレッチング

よくみられる間違い

- 補助者が十分に体を傾けず，横に動かないことで，牽引が不十分になっている。
- 体全体を使わずに，手だけで引っ張って牽引している。
- 動きが速すぎて，組織の状態を感じられない。
- アスリートの助けを借りて，上半身から伸張を強めていない。

床の上で行うアシステッドストレッチング

図8.1 ラテラルネットのストレッチング

パワーネット，スーパーフィシャル・バックネット，腰部のストレッチング

これらのネットはスポーツ動作に直接かかわるものであり，腰部は最も硬くなりやすい部位の1つである。

方　法

1．アスリートは仰向けになり，両膝を片側に倒し，両腕を横に伸ばす（図8.2a）。この肢位になる手順としては，一度両膝を曲げて胸の方に引き寄せてから，片側に倒すようにする。
2．アスリートの両脚をハサミを開くように動かして離す（つまり，右脚を左に，左脚を右に開く）。
3．補助者はアスリートの両脚の間に立ち，アスリートの両膝に足背部をひっかけて揺らしながら片側の脚を開き，次に反対側の脚も開く。最終的にアスリートの両脚を一緒に開く（図8.2b）。アスリートは膝を倒した方向の反対側にある腕を頭上に上げ，両脚で補助者の脚を締めるように力を入れる。伸張を強めるために，補助者は深くスクワットして両足を開き，アスリートの両脚をさらに開く。
4．補助者は前かがみになり，片手をアスリートの胸郭に置く（第12肋骨を押さないように注意する）。反対側の手をアスリートの下部胸郭に置き，その手を広背筋から骨盤まで動かして，回旋を強める（図8.2c）。
5．両手を反対の方向にそれぞれ動かし，上側の手でアスリートの広背筋を押して胸郭を上方に回旋させる。
6．補助者は，伸張を強めるためにさらに深くスクワットするか，胸郭を押して脊柱の回旋を増加させる。
7．ストレッチング後も硬い場合には，同側を繰り返しストレッチするか，反対側を行った後に再度ストレッチする。

よくみられる間違い

- アスリートの両脚が十分に開いていない。
- 動きが速すぎて，組織の状態を感じられない。
- 伸張を強めるためにアスリートが腕を上げていない。
- 体全体を使わずに，手だけで引っ張って牽引している。

第 8 章 アシステッドストレッチング

床の上で行うアシステッドストレッチング

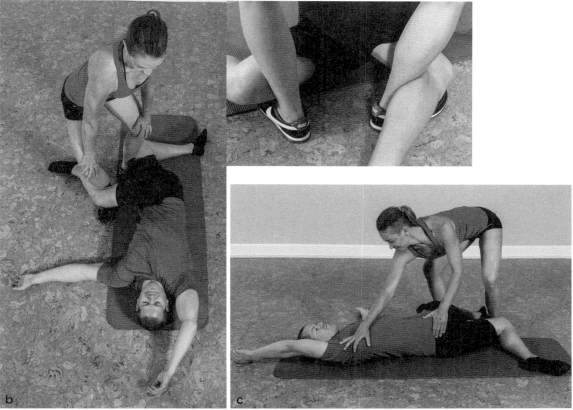

図 8.2 パワーネット，スーパーフィシャル・バックネット，腰部のストレッチング

153

パワーネット，中殿筋，梨状筋のストレッチング

この部位は，主に股関節外転に作用し，非常に硬くなりやすく，特に支持脚（軸脚）に硬さがみられる（つまり，左右にバランス不良がみられることが多い）。

方　法
1. アスリートは仰向けになり，両腕を横に伸ばす。補助者はアスリートの大腿部をまたぐように片膝立ちになる。
2. 補助者はアスリートの片脚を持ち上げて，足首の外側を同じ側の手で持ち，膝の裏側を反対側の手で支える。脚を伸ばした状態で，膝ではなく足首を軽く押すことでストレッチする。
3. アスリートの膝を曲げて，胸の中心に向かって動かしながら，足を床に向かって動かし，脚が三角形になるようにする（図8.3）。アスリートは膝で補助者の手を押し返す。
4. アスリートの大腿骨を臼蓋から引き離すように持ち上げ，牽引する。ゆっくりと牽引を緩めて可動域を確認し，さらにストレッチする。
5. ストレッチング後も硬い場合には，同側を繰り返しストレッチするか，反対側を行った後に再度ストレッチする。

よくみられる間違い
- 足首よりも膝を強く胸に向かって押す。
- 動きが速すぎて，組織の状態を感じられない。
- アスリートの膝が胸の中心線から離れすぎた状態でストレッチングを始めている。
- 体全体を使わずに，手だけで引っ張って牽引している。

図 8.3 パワーネット，中殿筋，梨状筋のストレッチング

パワーネット，大殿筋，深層外旋筋のストレッチング

殿筋群は動作の動力源であるため，この部分が硬くなると瞬発力が大幅に低下する。

方　法

1．アスリートは仰向けになり，両腕を横に伸ばす。補助者はアスリートの大腿部をまたぐように片膝立ちになる。
2．補助者はアスリートの片脚を持ち上げて股関節を 90°屈曲し，ストレッチする側と同側の自分の肩に乗せる。脚を乗せた肩の側の手でアスリートの踵を持って支え，反対側の手をアスリートの膝後部にそっと置く。ストレッチの焦点は膝ではなく足首である。
3．アスリートの大腿骨を臼蓋から引き離すように持ち上げて牽引する。
4．補助者は，持ち上げているアスリートの脚を自分の立てている膝に向かって外側に動かし，アスリートは自分の膝を補助者の手に押しつける。
5．補助者は左右の手を持ち替えて，アスリートの脚を乗せていたのと反対側の肩（写真では右肩）の方に動かし，アスリートは膝で補助者の手を押し返す。
6．アスリートの膝を胸の中心に向かって動かしながら，膝が 90°に曲がるまで足を床に向かって動かす（図 8.4）。アスリートは膝で補助者の手を押し返す。
7．ストレッチング後も硬い場合には，同側を繰り返しストレッチするか，反対側を行った後に再度ストレッチする。

よくみられる間違い

- 足首を押さずに，膝だけを胸に向かって動かす。
- 動きが速すぎて，組織の状態を感じられない。
- アスリートの膝が胸の中心線から離れすぎた状態でストレッチングを始めている。
- 体全体を使わずに，手だけで引っ張って牽引している。

第8章　アシステッドストレッチング

床の上で行うアシステッドストレッチング

図8.4　パワーネット，大殿筋，深層外旋筋のストレッチング

殿筋のスウープ（Glute Swoop）

この動作は，殿筋のすべての線維を確実にストレッチするために行う。この部分の組織を対象としたストレッチングの仕上げとして，最後に行う動作である。

方　法
1. 前項のストレッチングの終了肢位から，アスリートの膝を牽引しながら胸の前を扇状に横切るように動かす（図8.5）。アスリートの脚を下げ，円を描くように動かす。
2. 緩やかに体重をかけて，膝が体の前を横切るように動かし，すべての線維をストレッチする。
3. ストレッチング後も硬い場合には，同側を繰り返しストレッチするか，反対側を行った後に再度ストレッチする。

よくみられる間違い
- 膝を胸の方向に押し下げる時に，膝が足首よりも下になる。
- 動きが速すぎて，組織の状態を感じられない。
- アスリートの膝が胸の中心線から離れすぎた状態でストレッチングを始めている。
- 体全体を使わずに，手だけで引っ張って牽引している。

第8章 アシステッドストレッチング

図8.5　殿筋のスウープ

床の上で行うアシステッドストレッチング

スーパーフィシャル・フロントネット，ディープ・フロントネット，股関節屈筋のストレッチング

これらの領域は，特に屈曲動作を行うアスリートでは硬くなっていることが多い。

方 法

1. アスリートは，前項のストレッチングの肢位から，ストレッチする側を上にして側臥位（横向き）になり，上側の腕を頭上に伸ばし，必要があれば下にある腕で頭部を支える。
2. 補助者は，アスリートの足の側に立ち，両足を広げてアスリートをまたいで立つ。アスリートの下側の足を補助者の足背部に乗せる。
3. 補助者は上体を前に倒し，外側の手でアスリートの上側の足の足関節を持つ。内側の手でアスリートの膝を支えて，脚全体をリラックスさせる。アスリートの膝を屈曲させるが，90°以上は曲げないようにする。
4. 補助者はアスリートの脚を軽く引っ張りながら，体を後ろに傾けて牽引する。
5. 徐々に重心を下げながら，アスリートの上側の脚を，組織の抵抗を感じるまで後方に伸展させて，床の方向に下げる。アスリートは股関節を屈曲することで反対の方向に動かそうとする（図8.6a）。
6. アスリートの上側の脚を屈曲させて元の位置に戻し，下側の脚を前方に動かしてから（図18.6b）上側の脚を再度伸展させる（図8.6c）。アスリートの脚を広げるほど，さらに強くストレッチすることができる。
7. 伸張をさらに強めるために，アスリートは胸を天井に向けたり膝の屈曲を増加させたりしながら，腕を頭上に伸ばしてもよい。
8. ストレッチング後も硬い場合には，同側を繰り返しストレッチするか，反対側を行った後に再度ストレッチする。

よくみられる間違い

- 動きが速すぎて，組織の状態を感じられない。
- 脚を十分に伸展させていない。
- アスリートが背中を丸めてしまう。
- 体全体を使わずに，手だけで引っ張って牽引している。

第 8 章 アシステッドストレッチング

床の上で行うアシステッドストレッチング

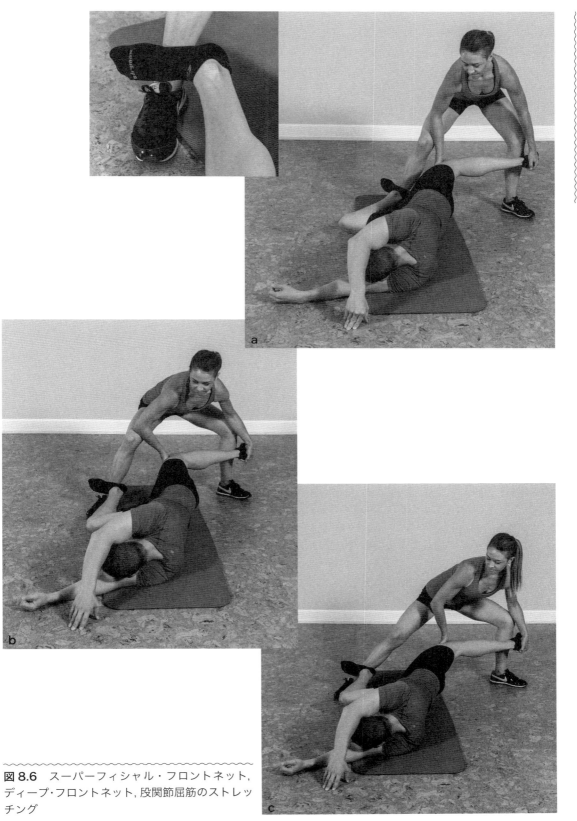

図 8.6 スーパーフィシャル・フロントネット，ディープ・フロントネット，股関節屈筋のストレッチング

フロントネットと広背筋のストレッチング

広背筋は腕と体幹をつないでいるので，フロントネットと広背筋の領域は重要である。この領域が硬かったりバランスが悪ければ，必ず対処しなければならない。動作に大きな影響を及ぼす領域であるため，制限やバランス不良があれば，体全体の可動性が大きく制限される。

方　法

1. アスリートは前項のストレッチングと同様の肢位で，膝を軽度屈曲させて両脚を重ねる。必要があれば下にある腕で頭部を支える。補助者はアスリートの頭部の近くにしゃがむかスクワットする。
2. 補助者は，アスリートの上側の腕を自分の腕に引っ掛けて，反対側の手で手関節を持つ（図8.7 a）。通常，手関節を持つ手はアスリートの手と同側になる。
3. 補助者は，アスリートの手関節を軽く引っ張り牽引しながら，腕を天井の方向に持ち上げる。組織の抵抗を感じるまで体を後方に傾ける。テコの力を強めるために，さらに後方に体を傾けることで牽引を維持する。
4. 補助者は，様々な線維をストレッチするために体を左右に傾ける。また，伸張を強めるために，アスリートの腕を頭部の方向にさらに屈曲させて，床の方向に下げる（図8.7 b, c）。アスリートは，それと同時に肩甲骨を同側の股関節の方向に引き下げる。
5. ストレッチング後も硬い場合には，同側を繰り返しストレッチするか，反対側を行った後に再度ストレッチする。

よくみられる間違い
- 全体を通じて牽引を維持できない。
- アスリートの肩が詰まってしまう。
- 体全体を使わずに，手だけで引っ張って牽引している。
- 動きが速すぎて，組織の状態を感じられない。

第8章 アシステッドストレッチング

床の上で行うアシステッドストレッチング

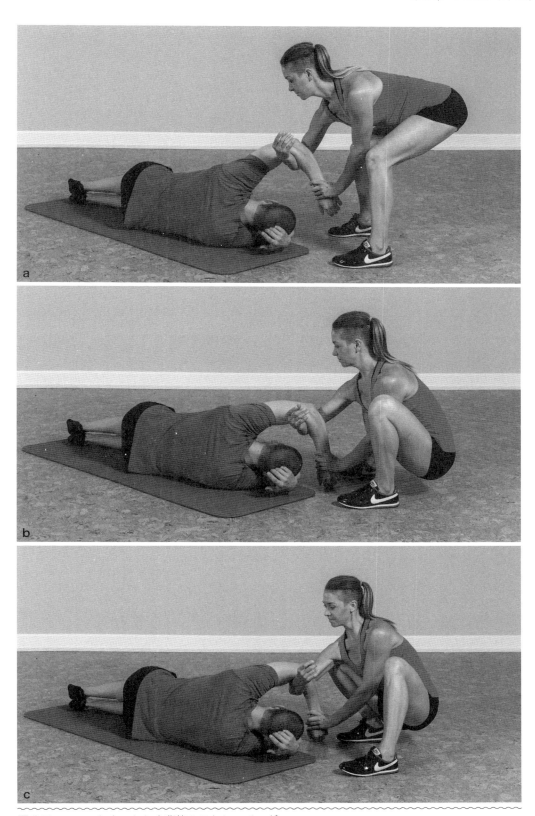

図 8.7 フロントネットと広背筋のストレッチング

スーパーフィシャル・バックネット，腓腹筋，ヒラメ筋のストレッチング

この領域の硬さは，スピードやアジリティに影響を及ぼす。また，スクワットの質を低下させる。

方　法

1．アスリートは壁か棒を支えとして，両膝を屈曲し，後脚の踵を床につけたままランジの肢位をとる。
2．補助者はアスリートの脚の後方に座り，アスリートの後ろ側の足関節を両脚で囲むようにして，股関節内転筋を使いアスリートの脚を安定させる（図8.8a）。アスリートの内・外果の上方を両手の指を重ねて軽くつかむ。アスリートと補助者が両方とも抵抗を感じるまで，アスリートに体を前に倒してもらう。
3．補助者がアスリートの脚を後方に引っ張ることで牽引している間，アスリートは前の足の母趾球を床に押しつけながら，股関節をゆっくりと前後，左右に動かす（図8.8b）。
4．アスリートが股関節を前方に動かしながら，補助者が両手をアスリートの下腿の上方へとゆっくり動かし，脚の上方にある他の組織をストレッチする。
5．アスリートが後方の膝を屈曲させて股関節を前後・左右に動かし，ヒラメ筋をストレッチする。
6．ストレッチング後も硬い場合には，同側を繰り返しストレッチするか，反対側を行った後に再度ストレッチする。

よくみられる間違い

- アスリートがストレッチングの強さをコントロールして，痛みが誘発される（強くストレッチしてしまう）。
- アスリートが股関節を前方に押し続けていない。
- 脚を持つ手で強く握りすぎる。
- 体全体を使わずに，手だけで引っ張って牽引している。
- 動きが速すぎて，組織の状態を感じられない。

第8章 アシステッドストレッチング

床の上で行うアシステッドストレッチング

図 8.8 スーパーフィシャル・バックネット，腓腹筋，ヒラメ筋のストレッチング

ストレッチ・トゥ・ウィン

固定用ストラップ

　私たちのテクニックの特徴の1つに，固定用ストラップを使うことがある。筋膜ストレッチセラピーを開発している時に，治療を行っていたアスリートの体格や筋力を考慮すると，テコの力を利用する必要があった。固定用ストラップは，違和感のあるシートベルトタイプのものから，専用の治療ベッドで簡単に位置を変えられるクッションつきのものへと改良されている。このストラップを使うことで，ストレッチしていない脚を補助者が自分で固定する必要がなくなり，リリースしている部位に集中できるようになり，アスリートもリラックスできる。ストラップがなければ，ストレッチングに応じて固定する方法を変える必要がある。可能な場合にはストレッチしている手と反対の手で固定する，別の補助者に手伝ってもらう，アスリート自身に動かないようにしてもらう，などの方法を利用する。

　図 8.9a はストラップを使っていないので，アシステッドストレッチングが不自然な動きになり，うまくコントロールできていない。**図 8.9b** は，ストラップを使用することで可能になるストレッチングの状態を示している。約20年間，私たちのクリニックにおけるクライアントの大部分はNFLの選手であった。写真からわかるように，NFLの選手と筋膜ストレッチセラピーを開発した女性の体格はかなり違うのである。

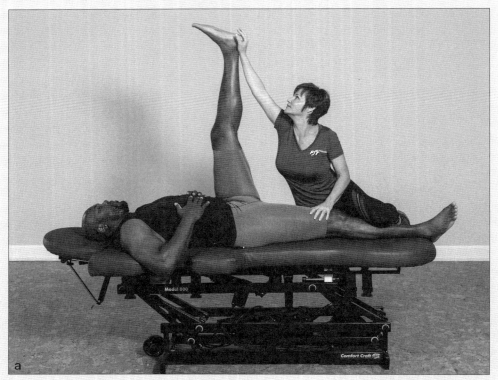

図 8.9a 固定用ストラップを使用しないアシステッドストレッチング。補助者はアスリートを手で押さえなければならない。この方法は不自然で，補助者がケガをしたり体へのストレスが蓄積するリスクがある。

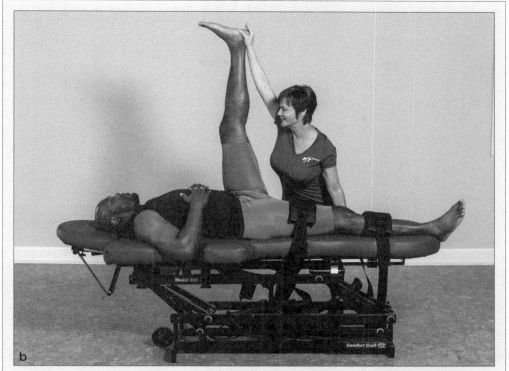

図8.9b 固定用ストラップを使うことで，ストレッチしていない部分をしっかりと固定することができる。これによって，補助者はテコをうまく利用し，ストレッチする部位に集中することができる。

〜治療ベッドの上で行うアシステッドストレッチング〜

　治療ベッドの上で行うアシステッドストレッチングは，ボディメカニクスやテコの観点から補助者にとって非常に行いやすい方法であり，テンポを調整することで活動の前にも後にも行うことができる。

　このプログラムは，片側を行った後に反対側を行うようにデザインされている。可動域の硬さを評価してからストレッチングを行い，必要に応じて特に硬い部位に対して時間をかけて行うか，両側をストレッチした後に硬い側を再度ストレッチしてもよい。このプログラムには，最高のスポーツパフォーマンスに必要な柔軟性の獲得に効果的なストレッチングを選んでいる。

　繰り返しになるが，大部分の写真のモデルは小柄な補助者と大柄なクライアントなので，指示についても両者のバイオメカニクスを考慮した内容となっている。したがって，実際には補助者とクライアントの体格に合わせて，治療ベッドの高さ，ボディメカニクス，クライアントの位置などを調整する必要がある。

ダブルレッグトラクション

このストレッチングの目的は，筋膜ネット全体の緊張や制限を評価することである。

方　法
1. アスリートは仰向けになり，腕を体の横か腹部の上に置く。
2. 補助者は治療ベッドの下端に立ち，両手のひらにアスリートの踵を乗せ，母指以外の指で優しく包み込む。
3. アスリートの脚を，膝関節を伸ばした状態で持ち上げ，股関節を10〜20°屈曲させて牽引する。
4. コアを働かせて軽く両膝を曲げ，リラックスしたまま体を後方に傾けて，アスリートの足関節が軽度背屈するのを感じるまで緩やかに牽引する（図8.10）。腕は伸ばしたままでリラックスして肩を下げる。
5. 牽引を始める時も終わらせる時もゆっくり行うようにし，呼吸を指標として牽引を終わらせる。それから牽引を繰り返す。

よくみられる間違い
- アキレス腱をつかむ。
- 牽引の力が不十分，あるいは牽引のスピードが速すぎる。
- スクワットして牽引する。

第8章 アシステッドストレッチング

治療ベッドの上で行うアシステッドストレッチング

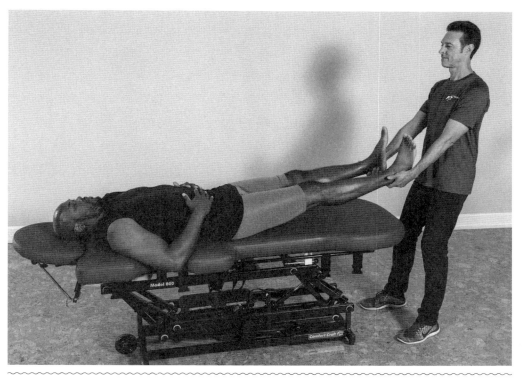

図8.10 ダブルレッグトラクション

シングルレッグトラクション

このストレッチングの目的は，股関節の関節包を評価することである。

方　法
1．アスリートは仰向けになり，腕を体の横か腹部の上に置く。
2．補助者は治療ベッドの下端に立ち，アスリートの片側の脚を持つ。外側の手のひらでアスリートの踵を包み込むように持ち，内側の手の母指は足底，他の指は足背部に置き，アスリートの足関節を背屈位で固定する。
3．アスリートの脚を持ち上げて股関節屈曲20°，外転20°，軽度外旋位になるようにしてから，牽引するのに最もよい位置を探す。通常は股関節軽度外転・外旋位であるが，最適な位置を探る。
4．補助者はリラックスした状態で膝関節を軽く曲げ，コアを働かせながら体全体を後方に傾けて，関節包の弾性を少し感じる程度まで緩やかに牽引する（図8.11）。強く引っ張ったり，股関節を鳴らしたりしないようにする。
5．3回繰り返して行うが，徐々に牽引を強めて行う。

よくみられる間違い
- 下の手で十分に強く牽引していない。
- アスリートの足関節を背屈位に保てない。
- 体全体ではなく，腕だけで牽引している。
- スクワットしてしまい，正しい角度で牽引できていない。
- 靱帯を損傷させかねない危険なことをする。
- 牽引のスピードが速すぎる。

第 8 章　アシステッドストレッチング

治療ベッドの上で行うアシステッドストレッチング

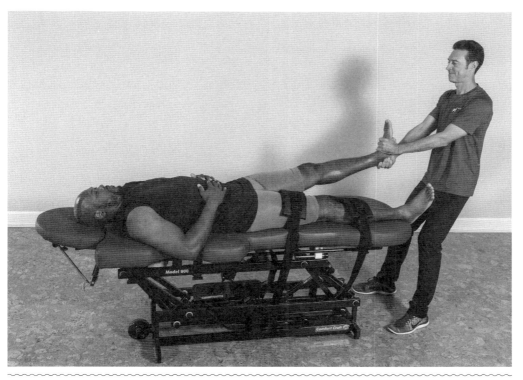

図 8.11　シングルレッグトラクション

治療ベッドの上でのラテラルネットのストレッチング

このストレッチングの目的は，ラテラルネットの可動域を評価することと，体の外側部にある組織，特にアスリートで硬くなりやすい体幹外側から股関節，大腿部を伸張して動きを増加させることである。左右差があることが多いので，2対1や3対1の割合で硬い側を多くストレッチして，左右を均等にする。組織の硬さが原因で生じる脚長差も修正できる。

方　法

1. アスリートは仰向けになり，腕を腹部の上に置く（ストレッチング動作を邪魔しないようにする）。
2. 補助者は治療ベッドの下端に立ち，両手のひらにアスリートの踵を乗せて持つ。治療ベッドの側方に向かってゆっくりと歩きながら，体を後ろに傾けてアスリートの脚を牽引する。この動作中は，アスリートの脚が治療ベッドから離れないようにする。アスリートの内側の脚が治療ベッドの外側縁を越えたら，補助者はその脚を自分の大腿に当て，1歩前に踏み出す（図8.12a）。
3. アスリートの外側の脚を内側の脚が通る程度に持ち上げるが，ハムストリングスは伸張させないようにする。補助者の内側の手はアスリートの足関節を支えたままにする。アスリートはストレッチされている脚で押して，補助者の力に抵抗する（図8.12b）。
4. 補助者は牽引を強めるために治療ベッドから離れるように体を傾け，腰を前に突き出して骨盤を軽度前傾させる。治療ベッドから外側に離れるように動いて牽引する。まず治療ベッドの対角線上をベッドから離れるように動き，それからベッドの上端に向かってアーチを描くように動く。
5. 伸張を強めたり他の線維を対象とするには，体重を後ろの足の踵に移して伸張を緩め，大腿部上でアスリートの脚を下方へ滑らせる。内側の手でアスリートの脚を床の方向に滑らせて伸張を強め，目的とする線維の角度を変える。ストレッチングを繰り返す。
6. 両脚を少し高く持ち上げて反対側に戻ることで，中間（ニュートラル）の軌道を通って開始肢位に戻ることができる。
7. ストレッチング後も硬い場合には，同側を繰り返しストレッチするか，反対側を行った後に再度ストレッチする。

よくみられる間違い

- 牽引を保てない。
- アスリートの両脚が治療ベッドから離れる。
- 動きが速すぎて，組織の感覚やどの程度伸張できるかがわからない。
- アスリートの腰が持ち上がったり回旋したりする。

第8章　アシステッドストレッチング

治療ベッドの上で行うアシステッドストレッチング

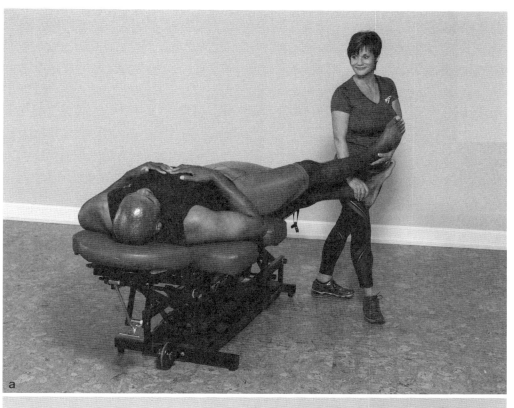

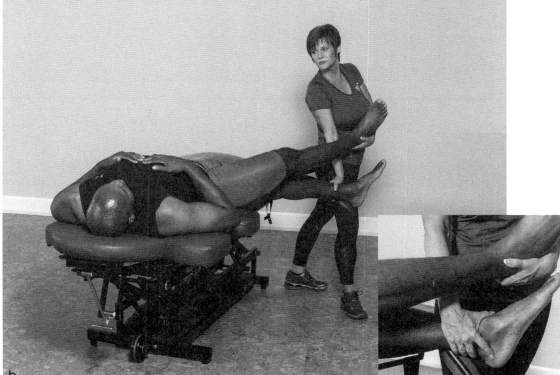

図 8.12　治療ベッドの上でのラテラルネットのストレッチング

173

サックオブバンズ（Sack of Buns）

このストレッチングの目的は，回旋の可動域の評価と改善である。この動作は筋膜ストレッチセラピーの中でも重要なもので，1つのストレッチングで腰部と股関節をリリースするために開発された。パワーネットを対象としたストレッチングとしては他に並ぶものがない。アスリートをストレッチする場合には必ず行うべきストレッチングである。

方　法

1. アスリートは仰向けになり，片脚が体の中心線をまたぐようにする。腕はストレッチ動作を邪魔しない場所に置く。
2. 補助者はアスリートの脚の間に入り，治療ベッドに背中を向けるように立つ。アスリートは上の脚を補助者の体幹前部に巻きつける（図8.13a）。補助者は内側の手でアスリートの大腿内側を持ち，脚に自分の腰を密着させることで脚全体を支える。外側の手でアスリートの外果を持って床の方向に押す。
3. アスリートの脚の下に自分の腰（ウエスト）が位置するようにして，組織の抵抗を感じるまで，治療ベッドの上端に向かって体を前方に動かす。
4. 安定するように左右の足幅を平行に広げ，軽く膝を曲げ，アスリートの脚の下に潜り込む。片方の脚だけで全体重を支えるのではなく，治療ベッドにハムストリングスを当てて支点とすることで安定させる。
5. 立ち上がり，上体を治療ベッドから離すように傾けて，股関節を支点としてアスリートの脚を持ち上げる（図8.13b）。アスリートは膝を床の方向に下げ，補助者の力に抵抗してストレッチする。伸張を強めるために，補助者はさらに股関節を持ち上げてアスリートの脚を大きく外旋させる。
6. ストレッチングの最終段階として，アスリートは脚を内旋させるようにして，足関節で補助者の手を押し上げる。伸張を強めるために，補助者は大腿部を持ち上げながら同時に足関節の外側を押し下げる。
7. ストレッチング後も硬い場合には，同側を繰り返しストレッチするか，反対側を行った後に再度ストレッチする。

よくみられる間違い

- 治療ベッドの上端への移動が不十分である。
- 治療ベッドの下端の方向に，あるいはアスリートの脚から離れすぎた状態で体を傾けているため，治療ベッドの上端の方向でアスリートと接していない。
- 動きが速すぎて，組織の感覚やどの程度伸張できるかがわからない。
- 転倒しないように脚を治療ベッドに当てて支点とすることを行っていない。

第8章 アシステッドストレッチング

治療ベッドの上で行うアシステッドストレッチング

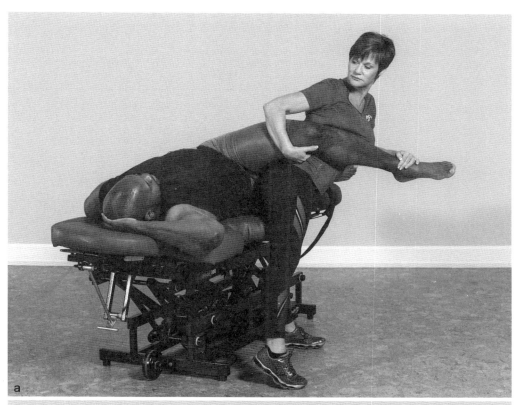

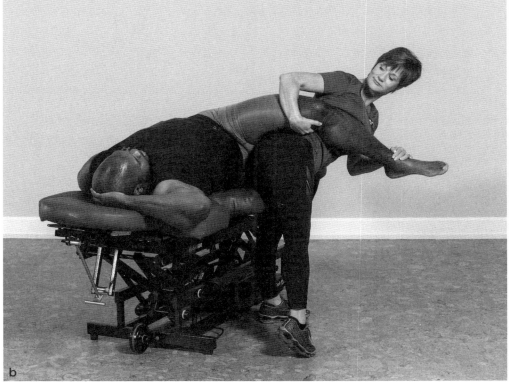

図8.13　サックオブバンズ

中殿筋のストレッチング

　このストレッチングの目的は、可動域の評価と改善である。殿筋群と股関節は動きのパワーを生み出すので、このストレッチングは非常に重要である。殿筋や股関節に制限があると、爆発的な素早い動作の能力に悪影響を及ぼす。中殿筋は支持脚側で硬くなっていることが多く、大殿筋は利き脚側で硬くなりやすいので、ストレッチして調整しなければならない。

方　法

1．アスリートは仰向けになり、片脚を曲げて体を横切るように倒す。腕はストレッチングの動作を邪魔しない場所に置く。
2．補助者は治療ベッドの下端側に立ち、アスリートの曲げた脚を持って、その脚と反対の側へ移動する。股関節の前面は治療ベッドの上端へ向けるか、少し内側へ向ける。
3．補助者は、アスリートの足を自分の外側の股関節か両者が楽に感じる位置に置く。アスリートの足関節外側部を体に密着させて支える。外側の手を使って足関節を保持してもよい。
4．目的とする組織をストレッチするために、アスリートの膝を曲げて正しい位置にする。膝の部分を三角形に保ちながら、足が膝よりも下になるようにする。可能ならば、膝を胸の中心に向ける。つま先立ちになってアスリートの脚を持ち上げ、股関節の臼蓋から引き離すように牽引する（図8.14a）。
5．補助者は体を低くするが、アスリートの膝を胸に押しつけないように注意する（図8.14b, c）。手を使わなくてもストレッチできるので、内側の手はアスリートに合図するためだけに膝の後方に置く。
6．アスリートは股関節を伸展させて補助者の力に抵抗する。動作の順序としては、膝をまず胸骨へ、それから胸骨と反対側の肩との中間へ、そして反対側の肩へ向ける。アスリートの脚を反対側の肩へ向かって3～5°ずつ動かしながら、新たな線維をストレッチする。

よくみられる間違い

- 牽引する時に、股関節の臼蓋から脚を引き離していない。
- 手でアスリートの膝を押す。

第8章　アシステッドストレッチング

治療ベッドの上で行うアシステッドストレッチング

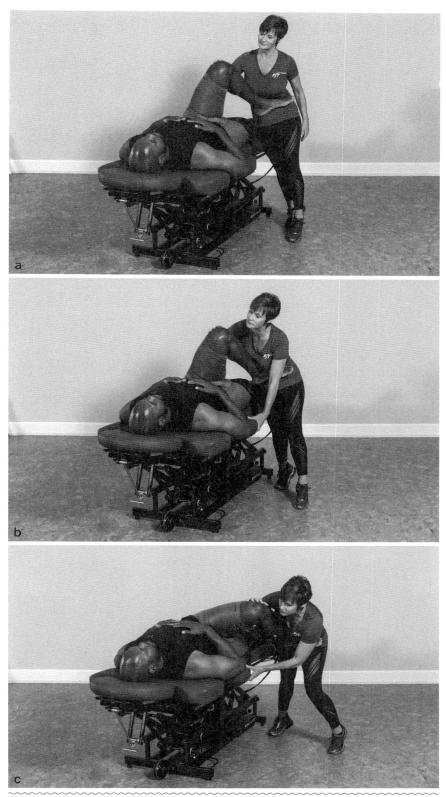

図8.14　中殿筋のストレッチング

大殿筋と股関節深層回旋筋のストレッチング

このストレッチングの目的は、ラテラルネット、パワーネット、股関節伸筋、大殿筋（特に後部線維）の可動性の評価と改善である。

方　法
1. アスリートは仰向けになり、片側の脚が体の前を直角に横切るようにする。腕は体幹に置く。
2. 補助者は治療ベッドの横に立ち、外側の脚を前にしてランジポジションをとる。可能ならば、股関節の前面を治療ベッドと直角になるように上端に向ける。
3. 補助者は、アスリートの足を自分の肩の内側に当てる（アスリートの膝が90°屈曲する位置であればどこでもよい）。肩を使ってアスリートの股関節を外旋させ、正しい肢位に保つ（図8.15a）。
4. つま先立ちになり、アスリートの大腿部を持ち上げて股関節を牽引する。体全体を使ってアスリートの脚を牽引する（図8.15b）。
5. アスリートの脚を90°に保ちながら、体を低くする（図8.15c）。
6. 内側の手は、アスリートに合図するためだけに膝の後ろに置く。アスリートは脚を伸展させて補助者の力に抵抗する。
7. アスリートの脚を反対側の肩に向かって3～5°ずつ動かしながら、新たな線維をストレッチする。動作の順序としては、膝をまず同側の肩の方向へ、それから胸骨へ、そして反対側の肩へ向ける。

よくみられる間違い
- 膝を押し下げる。
- 体を十分に低くできずに、ハムストリングスをストレッチしてしまう。
- 大腿部の外旋が不十分である。

第 8 章 アシステッドストレッチング

治療ベッドの上で行うアシステッドストレッチング

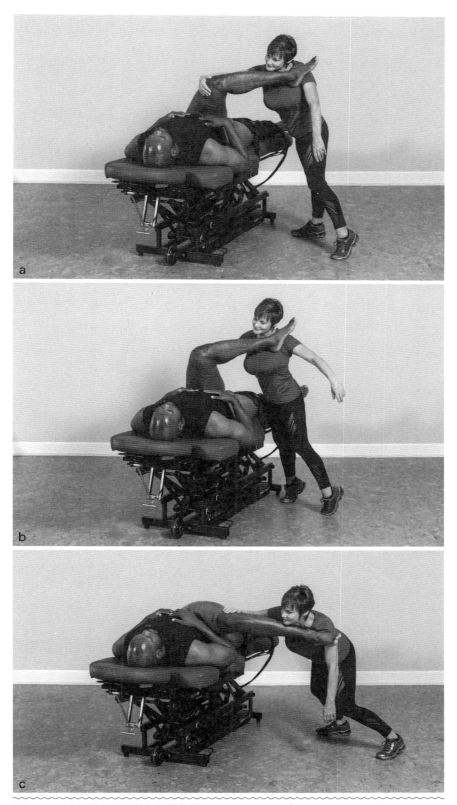

図 8.15 大殿筋と股関節深層外旋筋のストレッチング

股関節屈筋シリーズ

このストレッチングの目的は，股関節と大腿部の伸展を増加させることによるディープ・フロントネットの可動域の評価と改善である。

方　法
1. アスリートは側臥位になり，下側の脚を屈曲し，上側の脚は股関節を伸展して，膝を80〜90°屈曲する。体幹を治療ベッドに向けるか，上半身の柔軟性に応じて胸を治療ベッドにつけてもよい。腕は楽な位置に置く。
2. 補助者はアスリートの背中の側に立ち，治療ベッドの上端を向き，両足を開いて軽くスクワットする。アスリートの上側の脚を持って少し伸展させる。大腿と下腿が一直線上に並ぶようにする。自分の股関節の前面にアスリートの脚を当て，外側の股関節にアスリートの足関節を乗せて足を支える（図8.16a）。
3. 股関節をさらに伸展させて，内側の腕でアスリートの大腿部を抱え，膝の内側を手か肘で支える。外側の手をアスリートの腰か治療ベッドに置いて安定させる。アスリートの膝をしっかり支えるために外側の手を使ってもよい。
4. 補助者は，自分の股関節を治療ベッドから離すように体を傾け，アスリートの大腿部を伸展させる。腕で引っ張らずに体全体で脚を動かす。
5. 補助者はテコを最大に利用するために，アスリートの大腿部のできるだけ上方を持ち，自分の股関節を支点に曲げて体幹を低くする（図8.16b）。アスリートが抵抗に対して股関節を屈曲している間，補助者は自分の腰を治療ベッドの方向に向けて丸める（骨盤を後傾する）。

よくみられる間違い
- 腕で引っ張る。
- 膝を支えられていない，あるいは大腿と下腿のアライメントが乱れているために，膝関節が離開され，不快感や痛みが出る。
- 大腿と下腿のアライメントが乱れた状態でストレッチする。
- 膝関節を90°以上屈曲することで大腿四頭筋のストレッチングになっている。

第 8 章　アシステッドストレッチング

治療ベッドの上で行うアシステッドストレッチング

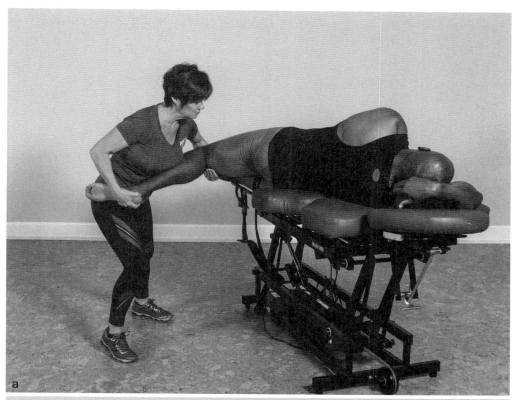

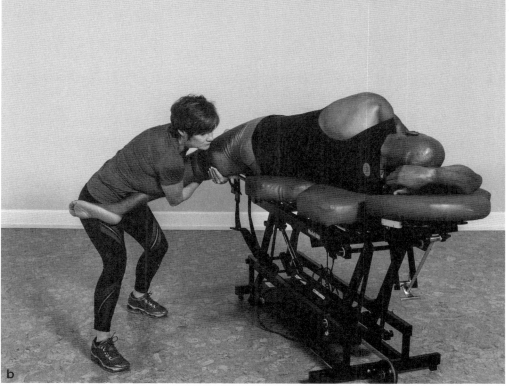

図 8.16　股関節屈筋シリーズ

181

股関節屈筋全体の筋膜ネットのストレッチング

このストレッチングの目的は，フロントネットとパワーネット，最深層にある股関節屈曲に関与するすべての筋膜要素を含めた股関節屈筋全体の評価と改善である。

方 法

1. アスリートは側臥位になり，下側の脚を屈曲し，上側の脚は伸展する。体幹を治療ベッドに向けるか，上半身の柔軟性に応じて胸を治療ベッドにつけてもよい。腕は楽な位置に置く。伸張を強めたりパワーネットをさらにストレッチする場合には，腕を頭上に上げる。
2. 補助者はアスリートの背中の側に立ち，治療ベッドの上端を向き，両足を開いて少しスクワットする。アスリートの上側の脚を持って少し伸展させる。大腿と下腿が一直線上に並ぶようにする。股関節前面にアスリートの脚を当て，外側の股関節にアスリートの足関節を乗せ，足を支える（図8.17a）。
3. 補助者は，治療ベッドから遠ざかるように外側の足を踏み出す。アスリートの足を外側の股関節に当てた状態で，腰や体全体を使って牽引する。
4. アスリートの膝の上部（大腿）に内側の手を置いて，膝の内側を支える。アスリートの足を外側の手で持って，腰のところで抱えながら体を外側へ傾ける。さらに傾けることによって，アスリートの股関節と大腿を大きく伸展させる。アスリートの脚全体と一緒に動くようにする。
5. アスリートは腹部と股関節を治療ベッドに向かって丸めることで，補助者の力に抵抗する。それから上側の脚を下側の脚に近づけるように引っ張ることで，股関節屈筋全体を収縮させて補助者の力に抵抗する。
6. ストレッチングを終了する時に，アスリートの膝を大きく屈曲させて踵を殿部に近づける。この最後の動きは，大腿四頭筋をストレッチするためである。ストレッチングの最終肢位から大腿を中間位に戻し，股関節伸展を緩める。
7. 膝関節の屈曲をゆっくりと増加させるためには，補助者が自分の股関節を治療ベッドの上端に向けて弧を描くように動かすことで，アスリートの踵を殿部に近づける（図8.17b）。
8. 組織の状態に応じて股関節の伸展をゆっくりと増加させる。

よくみられる間違い

- 体全体ではなく腕だけで引っ張って，牽引やストレッチングを行う。
- 自分の股関節を治療ベッドの上端に向けて十分に動かしていないために，筋膜ネット全体をストレッチできない。
- 最後に大腿部をストレッチする前に膝関節を屈曲させすぎる。

第8章 アシステッドストレッチング

治療ベッドの上で行うアシステッドストレッチング

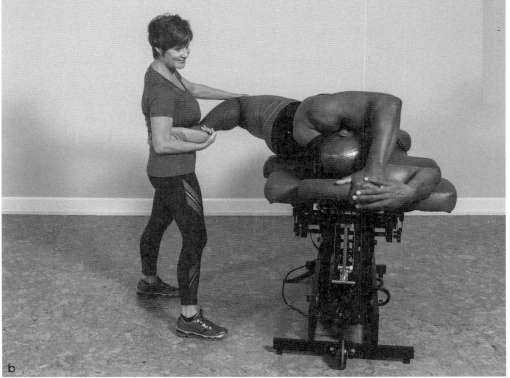

図8.17 股関節屈筋全体の筋膜ネットのストレッチング

本章に示したのは，私たちのクリニックや講習会で行っているアシステッドストレッチングのごく一部である。本書に記したストレッチ・トゥ・ウィンシステムの原則や方法が，読者の柔軟性プログラムをよりよいものにする一助となることを願っている。私たちの目標は，アスリートの柔軟性を最大限に高めて本来のパフォーマンスを実現し，外傷・障害を予防し，その潜在能力を開花させる助けとなることである。

用語集

アクティブ（自動的・能動的）ストレッチング：active stretching：様々な強度，持続時間，頻度で行う自動可動域運動。外力を用いずに，可動域全体を動かすように筋を使用してストレッチすること。スタティック，ダイナミック，バリスティックの種類がある。

アシステッドストレッチング：assisted stretching：固有受容性神経筋促通法（PNF）の変法で，ストレッチ・トゥ・ウィンプログラムではFST-PNFと呼んでいる。FST-PNFは資格を持つ専門家が補助者となり，治療ベッドや床の上などで行う。治療ベッドを使用して行う場合には，ストラップによってストレッチしない部位を固定することで，クライアントが十分にリラックスでき，補助者も効果的にストレッチ動作を行うことができる。従来のPNFと異なり，筋収縮は5〜20％（体の部位による）で，リリースされたと感じるまで約3〜4秒保持する。「固有受容性神経筋促通法（PNF）」の項も参照。

アナトミートレイン：Anatomy Trains®：Kinesis Myofascial Integrationの創始者であるトーマス・マイヤース（Thomas Myers）によって定義された筋膜経線（筋筋膜ラインとも呼ばれる）のシステム。このシステムは筋と筋膜が発生学的にどのように発達し，長軸方向に伸びる機械的感覚器の張力ネットワークとしてどのように機能するかを示している。

アンジュレーティングストレッチング：undulating stretching：ストレッチング中に，組織の状態に合わせて行う様々なテンポと方向への振幅運動。「ストレッチウェーブ」の項も参照。

遠位：distal (distally)：体の中心や筋の付着部から離れた位置にあること。

過可動性：excessive mobility：可動性が過剰であること。

（関節）可動域：range of motion (ROM)：関節が動くことができる全範囲。パッシブ（他動的），アクティブ（自動的），アシステッド（介助），レジステッド（抵抗）の種類がある。

可動性：mobility：自動運動でも他動運動でも，自由にかつ簡単に動くことができる能力。

関節包：joint capsule：栄養学的および力学的に関節機能を最適化するのに不可欠な結合組織。関節包の外層は関節構造を覆っており，関節可動域を制限している。内層は，関節に栄養を供給し潤滑させる滑液を分泌する。

機能的柔軟性：functional flexibility：特定の活動やスポーツに必要なあらゆる動きを行うのに十分な動的でバリスティックな柔軟性を用いる能力。適切な筋力が重要な要素となる。

共同筋：synergists：関節運動を生じさせるために他の筋と協働する筋。

近位：proximal (proximally)：体の中心や筋の付着部の近くに位置すること。

筋筋膜：myofascia：各筋や腱を覆いながら骨膜に繋がる結合組織。

筋筋膜の力伝達：myofascial force transmission：筋から腱そして骨へ，また筋から筋への力の伝達。

筋膜：fascia：筋，骨，関節を覆って支持・保護し，体の構造をなす結合組織の層。筋膜には浅筋膜，深筋膜，漿膜下筋膜という3つの層がある。筋を覆っているものを筋筋膜と呼ぶことがある。「筋筋膜」の項も参照。

筋膜可動性：fascial mobility：自動運動でも他動運動でも，結合組織が自由にあるいは簡単に動く機能。

筋膜経線：fascial tracks：長軸上に伸びる結合組織の単一のつながり。

筋膜ストレッチング：fascial stretching：結合組織を伸張すること。

グレイト8ストレッチ：Great 8 stretches：ストレッチ・トゥ・ウィンシステムにおけるすべてのストレッチ動作の基礎となるプログラム。ローワーボディ・コア4とアッパーボディ・コア4から構成される。

結合組織：connective tissue：広範な細胞外器質を含む生物学的組織。その多くは，組織の支持，結合，保護に働く。結合組織は，骨，血液，軟骨，狭義の結合組織の4つの基本的種類に分類される。狭義の結合組織には，靱帯や腱を形成する密性結合組織，器官を保持する疎性結合組織，リンパ器官を支持する軟骨格を形成する細網組織，脂肪組織がある。

牽引：traction：2つの関節面に加わる圧迫を減らす動き。徒手的に関節表面の圧迫を減らすことにより，関節包が伸張される。この関節包内の反応は，同じ神経支配を受けた関節をまたぐ筋や隣接する関節の筋に反射的なリラクセーションを引き起こす。

コア4：Core 4：腰部，骨盤，股関節領域（体の中心部）を対象としたストレッチングプログラム。コア4は，股関節屈筋群，殿筋群，腰方形筋，広背筋のストレッチングから構成される。

交感神経系：sympathetic nervous system：2種類ある自律神経系の1つ。交感神経系の活動は闘争・逃避反応を刺激する。交感神経は脊柱の内側で第1胸髄から第2, 3腰髄までの高さに位置する。「副交感神経系」の項も参照。

固有感覚：proprioception：体やその部位の位置，方向，動きを感知する能力。

固有受容性神経筋促通法：proprioceptive neuromuscular facilitation（PNF）：「固有受容器を刺激することで神経筋メカニズムの反応を促通・促進させる」方法（Dorothy Voss, PTによる定義）。1940年代に，麻痺のある患者に対する治療法として，Herman Kabat（MD, PhD）とMargaret Knott（PT）が開発した。1970年代に，理学療法士やトレーナーが健常者の柔軟性や可動域の向上・維持を目的として用い始めた。PNFのストレッチングテクニックは，PNFの変法やアスリートに対するサイエンティフィック・ストレッチング（3Sテクニック）（scientific stretching for sport：3S technique）としても知られている。PNFにはコントラクト・リラックス，コントラクト・リラックス・アゴニスト・コントラクトなど，様々なテクニックがある。

コラーゲン：collagen：水以外で人体に最も多く存在する構造材。筋膜などの結合組織は，主にコラーゲン，エラスチン，水でつくられている。コラーゲンの主な構造特性として，張力が大きいことが挙げられる。エラスチンよりもコラーゲンを多く含む組織（腱など）は，牽引力に対する耐性がある。エラスチンは，弾性を有する結合組織中のタンパク質であり，多くの組織がエラスチンによって伸張や収縮の後に形状を回復することができる。

コントラクト・リラックス：contract-relax（CR）technique：固有受容性神経筋促通法（PNF）のテクニックの1つで，目的とする筋群を軽度伸長位にすることから開始する。次にアスリートは補助者の抵抗に対して中程度の力で筋を6～15秒間等尺性収縮させる。数秒間筋をリラックスさせた後，補助者は他動的にゆっくりと深く筋をストレッチする。この手順を数回繰り返す（楽にでき，組織がこれ以上伸張できなくなるまで）。「固有受容性神経筋促通法」の項も参照。

コントラクト・リラックス・アゴニスト・コントラクト：contract-relax-agonist-contract（CRAC）technique：固有受容性神経筋促通法（PNF）のテクニックの１つで，「コントラクト・リラックス」に類似しているが，等尺性収縮後にリラックスしてから主動筋（ストレッチする筋の反対側にある筋）を収縮させて拮抗筋をストレッチする。アスリートは新たにストレッチされたポジションでリラックスし，同じ方法を数回繰り返す（楽にでき，組織がこれ以上伸張できなくなるまで）。「コントラクト・リラックス」と「固有受容性神経筋促通法（PNF）」の項も参照。

コンパートメント症候群：compartment syndrome：区画内圧の上昇。一般的には外傷後の出血や腫脹によって生じる。

自動的可動域：active range of motion（AROM）：関節を自動運動によって動かすことができる全範囲。

自動的柔軟性：active flexibility：筋を収縮させる自動運動での可動域の大きさ。私たちの新しい定義では，スポーツやトレーニングにおける身体的・精神的課題にうまく適応するという能動的要素が含まれている。「柔軟性」の項も参照。

柔軟性：flexibility：求められる活動を遂行し，パフォーマンスを低下させる状況に対処するための必要性に応じて，あらゆる身体的・精神的ストレスにうまく適応し，同様のストレスや新たなストレスに対応するために十分な時間の中で完全に回復する能力のこと。精神的・身体的な強さ，可動性，スピード，持久力などが，特定の時期や場面におけるニーズを満たす必要がある。

スタティック（静的）ストレッチング：static stretching：最もシンプルで一般的に行われているストレッチングの方法。筋を数秒から数分間伸張位で保持する。動かさずに一定の肢位を保持することで，伸張反射が生じるのを防ぐことができる。例として，アスリートが仰向けに寝て，片脚を伸ばしたまま持ち上げ，その肢位を保持してストレッチすることが挙げられる。

ストレッチウェーブ：Stretch Wave：ストレッチングを適切な呼吸に合わせて行う波状運動として視覚化するための比喩。この比喩は，生体内の生理的，運動学的過程の多くが波の形で起こることから考えられた。たとえば，視覚において網膜を刺激する光の波や，血管中の血液の脈打つ波動などである。「アンジュレーティングストレッチング」の項も参照。

セルフ筋膜リリース：self-myofascial release（SMFR）：ボールやフォームローラーなどの器具を使用して，筋力や柔軟性を低下させる軟部組織の制限，トリガーポイント，癒着，硬結などを取り除く非常に効果的な方法。組織のウォームアップや特定部位のリリースのために，ストレッチングの前に行うと特に効果的である。

浅筋膜：superficial fascia：皮下の最も表層にある結合組織。

相対的柔軟性：relative flexibility：機能的動作パターンにおいて，抵抗が最も小さい軌道で体が動く性質のこと。この種の柔軟性があると，機能不全や痛みが生じることになる。

ダイナミックストレッチング：dynamic stretching：肢位（ポジション）を保持せずに行うストレッチング。関節の自動的可動域において制御された動きやスイング動作を行う。このストレッチングは，スイング動作や振り子運動の振幅を大きくしていくことがあることから，バリスティックストレッチングと混同されることがある。バリスティックストレッチングは，さらにスポーツ特異的な動作を用いるストレッチングで，ウォームアップの一部として用いられる。例として，水泳選手がスタート台

から飛び込む直前に腕を大きく回すことや，野球選手が打席に入る前に様々な方向へバットを振ることが挙げられる。

他動的可動域：passive range of motion（PROM）：関節を他動的に動かすことができる全範囲。

他動的柔軟性：passive flexibility：自動的な筋収縮を伴わない状態での可動域の尺度。

他動的ストレッチング：passive stretching：補助者やタオルなどの器具による外的作用を伴うストレッチングで，ストレッチングを受ける人は可動域の拡大には関与しない。例として，アスリートが背臥位になり，補助者はアスリートが伸張を感じるまで下肢を持ち上げ，この状態を保持することが挙げられる。

長軸方向への徒手的牽引：manual longitudinal traction：トレーナーやセラピストの補助によって，組織をストレッチしたり引き伸ばしたりして，関節（股関節の関節包など）の間隙を広げて動かす方法。

低可動性：hypomobile：可動性が不十分であること。

テンセグリティ：tensegrity：Buckminster Fuller によって考案された，「張力（tension）」と「統合（integrity）」を組み合わせた言葉。テンセグリティ構造は，機械的なストレスに対して，各部位の強さではなく，その力を構造全体に伝達し，バランスをとって安定させている。

内受容感覚：interoception：脳の一部である島に接続する器官の情報に基づいて，良い感覚を認識する深部感覚。

バイオテンセグリティ：biotensegrity：人体のような生物学的構造にテンセグリティの特徴と仕組みを適応したもの。「テンセグリティ」の項も参照。

バリスティックストレッチング：ballistic stretching：リズミカルに行うジャンプやバウンド，キックなどの動作。利用方法については議論の余地があるが，個別に行うというよりは総合的な柔軟性プログラムの中で各スポーツに必要な動きの一部として行われている。例として，ダンサーや体操選手，武道家は，様々な方向への捻り，キック，回転などを繰り返し行う（必ず十分にウォームアップを行い，コアの体温を上げた後に行う）。

バリスティックな柔軟性：ballistic flexibility：爆発的なスピードで可動域を使う能力のことで，これによって伸張反射が促される。

副交感神経系：parasympathetic nervous system：2 種類ある自律神経系の 1 つ。休息と消化のシステムと呼ばれることもあり，心拍数を減らし，腸や腺の活動を高め，消化管をリラックスさせてエネルギーを節約する。交感神経系の働きと相反している。しかし，副交感神経系と交感神経系の両方の神経支配を受けている組織もあるので，この場合の効果は相乗的になる。副交感神経系の細胞は，脳幹（頭蓋）と中枢神経系の仙骨部にある。「交感神経系」の項も参照。

密性規則性結合組織：formed taut connective tissue：平行に，常に一定方向へ走行するコラーゲン線維。

リバウンド効果：rebound effect：伸張された筋が即座に硬くなる性質のこと。ストレッチする時間が長すぎたり，強度が強すぎたりすることが原因で生じることもあるが，体内の老廃物や毒素のレベルが高いことを示していることもある。

引用文献

Alter, M. 2004. *Science of Flexibility*, 3rd ed. Champaign, IL: Human Kinetics.

Cook, G. 2003. *Athletic Body in Balance*. Champaign, IL: Human Kinetics.

Findley, Thomas. 2015. "Foreword." In *Fascia in Sport and Movement*, edited by R. Schleip and R. A. Baker. vii–viii. Pencaitland, East Lothian, Scotland, UK: Handspring Publishing Ltd.

Frederick, A. "Proprioceptive Neuromuscular Facilitation: Effectiveness in Increasing Range of Motion in Dancers and Other Athletes." Baccalaureate thesis. University of Arizona, 1997. https://c.ymcdn.com/sites/stretchtowin.siteym.com/resource/resmgr/images/marketing/Ann_Frederick_Thesis_1997.pdf.

Frederick, A., and C. Frederick. 2014. *Fascial Stretch Therapy*. Pencaitland, East Lothian, Scotland, UK: Handspring Publishing Ltd.

Jeffreys, Ian 2008. "Warm-up and Stretching" In *Essentials of Strength Training and Conditioning Third Edition*, by the National Strength and Conditioning Association, edited by T. Baechle and R. W. Earle. 295-324. Champaign, IL: Human Kinetics.

Lavelle, E.D., W. Lavelle, and H.S. Smith. 2007. Myofascial trigger points. *Med. Clin. North Am*. 91(2):229–39.

Levin, S.M. 2006. "Tensegrity: The New Biomechanics" In *Textbook of Musculoskeletal Medicine*, edited by M. Hutson and R. Ellis. 69-80. Oxford: Oxford University Press.

Myers, T.W. 2014. *Anatomy Trains: Myofascial Meridians for Manual and Movement Therapists*. Edinburgh, UK: Elsevier Health Sciences UK. Kindle Edition.

Page, P. 2012. Current concepts in muscle stretching for exercise and rehabilitation. *Int. J. Sports Phys. Ther*. 7(1):109–19.

Pollack, G. 2013. *The Fourth Phase of Water: Beyond Solid, Liquid, and Vapor*. Seattle, WA: Ebner and Sons.

Schleip, R. 2015a. "Fascia as a Body-wide Tensional Network: Anatomy, Biomechanics, and Physiology." In *Fascia in Sport and Movement*, edited by R. Schleip and A. Baker. 3–9. Pencaitland, East Lothian, Scotland, UK: Handspring Publishing Ltd.

Schleip, R. 2015b. "Fascial Tissues in Motion: Elastic Storage and Recoil Dynamics". In *Fascia in Sport and Movement*, edited by R. Schleip and A. Baker. 93–96. Pencaitland, East Lothian, Scotland, UK: Handspring Publishing Ltd.

Schleip, R. and D. Müller, 2012. "Fascial Fitness: Suggestions for a Fascia-oriented Training Approach in Sports and Movement Therapies". In *Fascia: The Tensional Network of the Human Body*, edited by R. Schleip, T.W. Findley, L. Chaitow, and P.A. Huijing. 465-476. Edinburgh: Elsevier, Churchill Livngstone.

Schleip, R., T.W. Findley, L. Chaitow, and P.A. Huijing, eds. 2012. *Fascia: The Tensional Network of the Human Body*. Edinburgh: Elsevier, Churchill Livingstone.

Siff, M.C. 2003. *Supertraining*, 6th ed. Denver, CO: Supertraining Institute.

索 引

あ行
アームネット　33, 98, 109, 110, 112, 114, 116, 118, 120, 122
アウェアネス　3
アクティブストレッチング　41, 185
アシステッドストレッチング　41, 148, 185
アシステッドストレッチングのポイント　149
アジリティ　57
アッパーボディ・コア4プログラム　61, 100
アナトミートレイン　20, 185
アライメント　66
アンジュレーティングストレッチング　44, 185
安定性　55

痛み　6, 65
インピンジメント　17

遠位　185

応用的動作　54
オーバーストレッチ　149

か行
回旋筋腱板　101
回旋筋腱板のストレッチング　104
外側の筋腱領域　76
回復と維持プログラム　80, 91
過可動性　9, 20, 53, 55, 185
肩関節　67
カタパルトメカニズム　36
滑走　56
可動域　6, 185
可動性　5, 89, 185
可動性低下　20
簡易版FMA　61, 62
関節可動域　42, 185
関節の不安定性　53
関節包　1, 2, 185
完全版FMA　64, 79
完全版FMA用紙　83〜87

気づき　3, 46

機能解剖　19
機能的可動性　21
機能的柔軟性　10, 185
機能的スキル　51, 58
機能的動作　5, 51
機能的動作チェック　70
機能的パフォーマンス　51, 56
求心性収縮　148
強度　11
共同運動　6
共同筋　6, 185
近位　185
筋筋膜　1, 10, 185
筋筋膜の力伝達　185
筋膜　1, 2, 7, 14, 186
筋膜可動性　186
筋膜可動性チェック　71
筋膜可動性ネット　20
筋膜可動性評価　59　→FMAもみよ
筋膜可動性ブロック　33
筋膜系　14
筋膜経線　185, 186
筋膜ストレッチセラピー　147
筋膜ストレッチング　37
筋膜トレーニング　35
筋膜ネット　2
筋膜ネットをストレッチする方法　92
筋力　56

クイックテスト　61
クイックネス　58
クリンプ　36
グレイト8ストレッチ　61, 89, 91, 186

経線　9
結合組織　1, 35, 186
牽引　10, 148, 186
肩甲挙筋　101
肩甲挙筋のストレッチング　106

コア　52, 91
コア4　186

索引

コアの安定性　52
コアの可動性　54, 92
コアの筋力　52
交感神経系　186
広背筋　93, 94, 162
広背筋のストレッチング　98
股関節　68, 174
股関節外転筋−広背筋−腰方形筋のストレッチング　134
股関節屈筋シリーズ　180
股関節屈筋全体の筋膜ネットのストレッチング　182
股関節屈筋−体幹−肩のストレッチング　130
股関節屈筋−腹筋−脊柱のストレッチング　136
股関節−脊柱−肩のストレッチング　128
股関節内転筋−腹筋−体幹のストレッチング　132
呼吸　3, 45, 148
呼吸サイクル　46
個人記録　64
骨盤　68
固定用ストラップ　166
コミュニケーション　149
固有感覚　18, 186
固有受容性神経筋促通法　11, 186　→ PNFもみよ
コラーゲン　26, 186
コントラクト・リラックス　11, 187
コントラクト・リラックス・アゴニスト・コントラクト　11, 187
コンパートメント症候群　16, 187
コンプリートテスト　64

さ行

サイドストレッチ・オーバー・ボール　122
サックオブバンズ　174

ジオデシックドーム　15
姿勢の評価　65
持続時間　11
自動的可動域　187
自動的関節可動域　42, 43
自動的柔軟性　187
柔軟性　13, 38, 51, 187
修復と修正プログラム　80, 91
主動筋　5
順序　5
準備プログラム　80, 126
小胸筋　101
小胸筋のストレッチング　102
症状　64
自律神経系　38

深筋膜　56
シングルレッグトラクション　170
神経筋筋膜ストレッチング　39
神経系　4
深層外旋筋　156
深部の筋腱領域　77
深部腹側の筋腱領域　74

水分　38
スーパーフィシャル・ネット　21
スーパーフィシャル・バック・アームネット　32
スーパーフィシャル・バックネット　152
スーパーフィシャル・バックネット　164
スーパーフィシャル・バックネット, 腓腹筋, ヒラメ筋のストレッチング　164
スーパーフィシャル・フロント・アームネット　32
スーパーフィシャル・フロントネット　21, 22, 110, 114, 160
スーパーフィシャル・フロントネット, ディープ・フロントネット, 股関節屈筋のストレッチング　160
スタガードスタンス・バックワードベンド　112
スタティックストレッチング　5, 37, 43, 187
スタンディングサイドベンド　120
スティフネス　65
ストレッチ・トゥ・ウィンシステム　1
ストレッチウェーブ　37, 45, 187
ストレッチウェーブ・スロー　47, 48, 91
ストレッチウェーブ・ファスト　47, 49, 125
ストレッチウェーブ・ベリースロー　47, 91
ストレッチウェーブ・ベリーファスト　47, 49
ストレッチングのガイドライン　90
ストレッチングの強度　40
ストレッチングの持続時間　41
ストレッチングの種類　43
ストレッチングの定義　39
ストレッチングのテンポ　42
ストレッチングのパラメータ　40
ストレッチングの頻度　42
ストレッチングの有益性　39
スピード　57
スポーツ　127
スポーツパフォーマンス　51
スロー・アンジュレーティングストレッチング　5

静的ストレッチング　5, 37
セルフアシステッドストレッチング　41
セルフ筋膜リリース　21, 72, 78, 188
セルフ筋膜リリーステスト　72

セルフストレッチング　41
セルフストレッチングプログラム　80
セルフレジステッドストレッチング　41
浅筋膜　56，188

相対的柔軟性　8，188
足部　69

た行
代償　9
大腿部-股関節-背部-肩関節の連結　134
大殿筋　156，178
大殿筋と股関節深層回旋筋のストレッチング　178
タイトネス　65
ダイナミックストレッチング　4，43，44，125，127，188
ダイナミックストレッチングのガイドライン　126
他動的柔軟性　188
他動的可動域　188
他動的関節可動域　42，43
ダブルレッグトラクション　168
単関節筋　5
弾性反動　36

知覚-固有受容性メカニズム　38
力伝達能力　18
中間の軌道　148
中殿筋　154，176
中殿筋のストレッチング　176
徴候　64
腸腰筋　93，94
腸腰筋のストレッチング　97
張力　16
治療ベッドの上で行うアシステッドストレッチング　167
治療ベッドの上でのラテラルネットのストレッチング　172

ディープ・ネット　21
ディープ・バック・アームネット　32，104，106，107
ディープ・パワーネット　26，30，31
ディープ・フロント・アームネット　32，102
ディープ・フロントネット　21，23，96，97，112，114，160，180
低可動性　53，55，188
殿筋　93，94
殿筋のスウープ　158
殿筋のストレッチング　94

テンセグリティ　15，188
テンセグリティ構造　15
テンポ　11，46

島　18
動作の評価　69
等尺性収縮　148
動的ストレッチング　4
頭部　66
頭部前方位姿勢　78
トーマス・マイヤース　185
徒手的牽引　10
トリガーポイント　34

な行
内受容　18
内受容感覚　188
軟部組織の評価　72

二関節筋　5

ネット　9，17
ネットの拡張　141

は行
バイオテンセグリティ　15，188
背側の筋腱領域　75
波状運動　37
波状ストレッチング　44
バック・パワーネット　26，28，98，138
バックネット　24，26，94，108，116，118
バックワードストレッチ・オーバー・ボール　114
バックワードベンド　110
パッシブストレッチング　41
パフォーマンス　51
パフォーマンスピラミッド　51，52
パラメータ　11，80
バランス不良　124
バリスティックストレッチング　42，43，44，188
バリスティックな動作　126
パワー　57
パワーネット　26，94，109，120，122，127，152，154，156，174，178，182
パワーネット，スーパーフィシャル・バックネット，腰部のストレッチング　152
パワーネット，大殿筋，深層外旋筋のストレッチング　156
パワーネット，中殿筋，梨状筋のストレッチング　154

瘢痕組織　16
反復性ストレス損傷　7

肥厚　34
膝関節　68
腓腹筋　164
腓腹筋–膝窩筋–股関節–体幹–肩関節のストレッチング　142
表在の筋腱領域　73
ヒラメ筋　164
ヒラメ筋–足関節後部のストレッチング　144
頻度　11

ファスト・アンジュレーティングストレッチング　4
ファッシア5（ストレッチ）　108，109
ファンクショナル・ムーブメント・スクリーン　52
不安定性　53
フォワードストレッチ・オーバー・ボール　118
フォワードベンド　116
副交感神経系　47，189
複数の運動面　8
フロント・パワーネット　26，27，136
フロントネット　21，108，162，182
フロントネットと広背筋のストレッチング　162

ま行
密性規則性結合組織　37，189
密性不規則性結合組織　37

や行
床の上で行うアシステッドストレッチング　150
床の上で行うダイナミックストレッチング　127
癒着　33

腰部–殿筋–広背筋–ハムストリングス–大腿部のストレッチング　138
腰方形筋　93，94
腰方形筋のストレッチング　96

ら行
ライン　9
ラテラル・パワーネット　26，29
ラテラルネット　25，26，94，96，108，120，122，150，172，178
ラテラルネットのストレッチング　150

梨状筋　154
立位で行うダイナミックストレッチング　142
リバウンド効果　6，189

リモデリング　19
菱形筋　101
菱形筋のストレッチング　107
リラックス　149
リリース　4

連続的な交互運動　45

ローワーボディ・コア4プログラム　61，92
肋骨　67

欧文索引
active flexibility　187
active stretching　185
Anatomy Trains　20，185
AROM（active range of motion）　42，187
assisted stretching　148，185

back net　26
ballistic flexibility　189
ballistic stretching　188
biotensegrity　15，188

catapult mechanism　36
collagen　186
compartment syndrome　187
connective tissue　186
CR（contract-relax）　11
CR technique　187
CRAC（contract-relax-agonist-contract）　11
CRAC technique　187

deep front net　21
distal　185
dynamic stretching　188

excessive mobility　185

fascia　1，14，186
fascia mobility nets　20
fascial mobility　186
fascial net　2
fascial stretching　186
fascial tracks　186
fast undulating stretching　4
flexibility　187
FMA（fascia mobility assessment）　59
　―簡易版　61，62
　―完全版　64，79

FMS（functional movement screen） 52
formed taut connective tissue 189
front net 21
FST（fascial stretch therapy） 17, 148
functional flexibility 185

Glute Swoop 158
Great 8 stretches 186

hypomobile 188

insula 18
interoception 18

joint capsule 185

lateral net 26

manual longitudinal traction 188
mobility 89, 185
myofascia 1, 185
myofascial force transmission 186

net 17

parasympathetic nervous system 189
passive flexibility 188
passive stretching 188
PNF（proprioceptive neuromuscular facilitation）
　11, 148, 186
power net 26

PROM（passive range of motion） 42, 188
proprioception 186
proximal 185

rebound effect 6, 189
relative flexibility 188
repetitive strain injury 7
range of motion：ROM 6, 185

Sack of Buns 174
slow undulating stretching 5
SMFR（self-myofascial release） 21, 188
static stretching 187
Stretch to Win システム 1
Stretch Wave 37, 187
superficial fascia 188
superficial front net 21
SWF（StretchWave fast） 47, 49, 125
SWS（StretchWave slow） 47, 48, 91
SWVF（StretchWave very fast） 47, 49
SWVS（StretchWave very slow） 47, 91
sympathetic nervous system 186
synergists 185

tensegrity 15, 188
tension 16
Thomas Myers 185
traction 186

undulating stretching 185

■ 監訳者紹介

中丸　宏二（なかまる　こうじ）

寺嶋整形外科医院リハビリテーション科 部長，首都大学東京大学院人間健康科学研究科（新田研究室），博士（学術），理学療法士，NSCA 認定ストレングス＆コンディショニングスペシャリスト。

1994 年　中央大学商学部商業貿易学科卒業
1994 年　Kansas State University（kinesiology 学科）留学
1995 年　University of Tulsa（athletic training 学科）留学
1999 年　東京都立医療技術短期大学理学療法学科卒業
2004 年　東京都立保健科学大学大学院保健科学研究科修士課程修了
2009 年〜 2015 年　首都大学東京大学院人間健康科学研究科 研究生
2018 年　首都大学東京大学院人間健康科学研究科 博士（学術）

小山　貴之（こやま　たかゆき）

日本大学文理学部体育学科 准教授，博士（理学療法学），理学療法士，日本スポーツ協会公認アスレティックトレーナー，日本大学アメリカンフットボール部フェニックス トレーナー。

1999 年　東京都立医療技術短期大学理学療法学科卒業
　　　　　駿河台日本大学病院理学療法室勤務
2006 年　東京都立保健科学大学大学院保健科学研究科修士課程修了
2009 年　首都大学東京大学院人間健康科学研究科博士後期課程修了
2010 年　日本大学文理学部体育学科 専任講師
2014 年　日本大学文理学部体育学科 准教授
2015 年　Dept. of Kinesiology and Nutrition Sciences, University of Nevada, Las Vegas 客員研究員

ストレッチ・トゥ・ウィン
スポーツパフォーマンス向上のための柔軟性プログラム

（検印省略）

2019 年 1 月 23 日　第 1 版　第 1 刷

著　者	Ann Frederick	
	Chris Frederick	
監訳者	中丸　宏二	Koji Nakamaru
	小山　貴之	Takayuki Koyama
発行者	長島　宏之	
発行所	有限会社ナップ	
	〒 111-0056　東京都台東区小島 1-7-13 NK ビル	
	TEL 03-5820-7522 ／ FAX 03-5820-7523	
	ホームページ　http://www.nap-ltd.co.jp/	
印　刷	シナノ印刷株式会社	

Ⓒ 2019　Printed in Japan　　　　　　　　　　　　　　　　　　ISBN 978-4-905168-58-4

JCOPY 〈出版者著作権管理機構 委託出版物〉
本書の無断複写は著作権法上での例外を除き禁じられています。複写される場合は，そのつど事前に，出版者著作権管理機構（電話 03-5244-5088，FAX 03-5244-5089，e-mail: info@jcopy.or.jp）の許諾を得てください。

筋膜ストレッチセラピー

Ann Frederick / Chris Frederick 著

定価：本体 5,400 円＋税
B5 判／232 頁／フルカラー
● ISBN 978-4-905168-38-6

中丸 宏二 訳

■ 全身に広がる筋膜連鎖を利用し，すべての身体システムを働かせる包括的なアプローチである「筋膜ストレッチセラピー（Fascial Stretch Therapy：FST）」を紹介する。このアプローチは，1990 年代に著者らによって開発されて以来，NFL をはじめとするプロのアスリートを含め多くのクライアントに支持され，今日では神経筋膜の障害・機能不全に対して非常に効果的な徒手療法として認識されている。

■ 本書ではまず，ストレッチングについての肯定的・否定的研究結果について議論し，筋膜に対するストレッチングの根拠を示す。

■ さらに，「筋膜ストレッチセラピー」の基本原則を示し，他のストレッチング法と比較検討する。

■ 本書後半では，「筋膜ストレッチセラピー」の詳細な実施方法を，豊富な写真とともに段階的に解説する。

主要目次

第1部

第1章　ストレッチングに関する論争
ストレッチングに関する研究結果の見方
新たな定義
ヒトの細胞がバイオテンセグリティ構造であるという根拠
プリストレスがかかっている身体における柔軟性と安定性
筋筋膜の緊張と張力
細胞は歪む
ストレッチングは損傷した細胞を修復する
固有受容器と内受容器に対するストレッチングの効果

第2章　筋膜ストレッチセラピー（FST）の詳細
原則／禁忌／適応

第3章　類似点と相違点
よく使われるストレッチングの方法とアプローチ

第4章　評　価
触診能力
動作と動きの違い
簡便な評価テクニック
評価の流れ：全体から局所へ，静的評価から動的評価へ
治療台上での評価
他動運動
TOC 評価
他動運動時の抵抗（R1–R3）
抵抗運動（FST–PNF）

第2部

第5章　ローワーボディテクニック
FST の 10 の基本原則
10 の原則に基づく実践ガイド
A．全般的評価／B．可動域評価，ウォームアップ，FST–PNF ストレッチ—下肢屈曲位（単関節）／C．下肢伸展位（多関節）／E．ラテラルライン／G．骨盤安定化と仙骨セット／H．ランジ

第6章　アッパーボディテクニック
A．全般的評価／B．側臥位での肩甲帯のウォームアップと評価，FST–PNF ストレッチ／C．可動域評価，ウォームアップ，FST-PNF ストレッチ—肩・上肢／D．頸部／E．座位でのストレッチ／F．床の上でのストレッチ／G．立位でのストレッチ

見本ページ

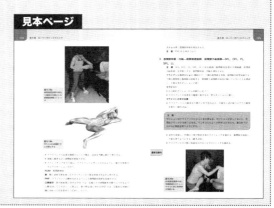

〒 111-0056　東京都台東区小島 1-7-13 NK ビル
TEL 03-5820-7522／FAX 03-5820-7523
http://www.nap-ltd.co.jp/
有限会社 **ナップ**